세상을 향한 첫걸음
한글 교육 길라잡이

한국초등국어교육연구소 미래엔 연구총서 ⑩

세상을 향한 첫걸음 **한글 교육 길라잡이**

초판 1쇄 발행 | 2018년 4월 3일
개정판 2쇄 발행 | 2020년 11월 6일
지은이 | 이경화, 이수진, 김지영, 강동훈, 최종윤, 최규홍
펴낸이 | 김영진

펴낸 곳 | (주)미래엔
등록 | 1950년 11월 1일(제16-67호)
주소 | 06532 서울특별시 서초구 신반포로 321
전화 | 02.3475.4092(영업) 02.3475.4059(편집)
팩스 | 02.541.8179
홈페이지 | www.mirae-n.com

ISBN 979-11-6233-524-6 93710

※ 잘못된 책은 구입처에서 바꾸어 드립니다.

한국초등국어교육연구소 미래엔 연구총서 ⑩

세상을 향한 첫걸음

한글 교육 길라잡이

이경화 | 이수진 | 김지영 | 강동훈 | 최종윤 | 최규홍

머리말

　교육부는 최근 교육과정을 개정하며 초등학교 한글 교육을 적극 강화하겠다고 밝혔다. 양적으로는 기존 27차시였던 한글 기초 교육 시간을 대폭 확대하고, 질적으로는 유아 교육과정과 초등학교 한글 교육을 연계하겠다는 취지이다. 이는 한글을 다 깨치고 초등학교에 입학해야 한다는 선행 교육의 부담을 덜어 주고 초등학교에서 질 높은 한글 교육을 체계적으로 할 수 있는 가능성을 열어 주었다. 한글 교육 강화의 배경에는 과도한 한글 사교육을 방지하고 공교육에서 한글 문해 교육을 책임지겠다는 의지가 담겨 있다. 초등학교에 입학하기 전에 한글 문해 교육을 마쳐야 한다는 부담감으로 인해 한글 사교육이 보편화되면서 공교육에서는 자칫 한글 문해 교육이 소홀해지는 악순환을 끊겠다는 것이다.

　한국은 세계적으로 문맹률이 낮은 나라로 유명하다. 과학적이고 체계적인 한글의 특성과 높은 교육열로 인하여 공식적으로 한글 교육이 시작되는 초등학교 입학 전에 대부분의 아이들이 한글을 깨치고 온다. 그런데 경제협력개발기구(OECD) 지표에 의하면 놀랍게도 우리나라 성인들의 실질 문맹률은 매우 높은 편이다. 실질 문맹이란 읽기, 쓰기는 가능하지만 글의 의미를 이해하고 자신의 생각을 표현하기 어려워서 자발적으로는 하지 않으려는 상태를 말한다. 학습 시간이나 노동 시간이 높은 한국 사회의 특성상 지속적인 독서가 어려워서일 수도 있고, 인터넷, 스마트폰 등 새로운 미디어의 홍수로 읽기, 쓰기에 흥미를 잃어서일 수도 있을 것이다.

　말을 배우기도 전의 유아들이 장난감보다 스마트폰을 좋아하고 그림책보다는 TV에서 흘러나오는 화려한 영상에 집중하는 것이 현실이다. 감각적이고 직관적인 뉴 미디어의 정보에 노출되다 보니 문자 자체에 집중하는 읽기, 쓰기는 지루하게 느껴지기 쉽다. 유아뿐만 아니라 학생, 성인도 마찬가지이므로 의무가 아닌 자발적인 읽기, 쓰기를 회피하게 된다. 이러한 기초적 문식성 교육에 문제의식을 느끼는 것은 우리나라뿐만 아니라 세계적인 추세인 듯하다. 모범적 공교육으로 유명한 핀란드에서도 문식성과 독서 의욕의 감퇴를 염려하며 국가적으로 문식성 포럼을 운영하겠다고 하고, 모국어에 대한 자긍심으로 유명한 프랑스에서도 학생들이 국제 평가의 문식성 영역에서 부진한 것을 염려하고 있다. 또한 영국에서도 기초 문식성 분야의 부진 학생을 위하여 국가적으로 많은 예산을 투자하는 정책을 발표했다고 한다.

    세계적으로 문식성 교육에 관심을 가지고 의식 개선을 촉구하며 정책적으로나 경제적으로 지원하려는 것은 결국 국민들의 문식성이 국가적 경쟁력이기 때문일 것이다. 한글 교육은 학습자가 단순히 글자를 읽고 쓸 수 있다고 해서 완성되는 것이 아니다. 의사소통하는 힘, 생각하는 힘의 기초가 한글 교육이다. 또한 몇몇 우등생에게 필요한 조기 교육이 아니라 모든 학생들이 반드시 갖추어야 할 능력을 길러 주는 것이 한글 교육이다. 따라서 한글 문해 교육은 다른 어떤 분야보다도 공교육에서 관심을 가지고 책임져야 하는 교육이다.

    한글 문해 교육은 그 자체로서도 중요하지만 학습자가 문자와 관련하여 최초로 성취감을 얻을 수 있는 도전이라는 점에서도 중요하다. 한글 깨치기 전과 이후에 아동은 매우 다른 삶을 살게 된다고 해도 과언이 아니다. 기초 문식성이 읽기와 쓰기 능력뿐만 아니라 이에 대한 태도와 가치관을 포함하듯이, 한글 문해 교육 역시 단순히 한글 해득을 목표로 할 뿐만 아니라 아동에게 어떤 문자관을 길러 줄지에 대한 철학이 필요하다. 아동이 문자와 문자로 할 수 있는 일에 대하여 자신감을 가지게 하고, 생애 독자, 생애

필자로서의 소양을 길러 주는 것이 이 책에서 추구하는 한글 문해 교육의 철학이다.

이 책은 크게 4부로 나누어져 있다. '1부 한글 문해의 교육적 접근'은 한글 문해, 한글 읽기와 쓰기의 발달, 교육 시기 등을 다루어서 한글 문해 교육에 대한 전반적 이해를 돕고 있다. '2부 한글 문해 교육의 방향'은 한글 문해 교육의 내용과 방법, 교재 등을 다루어서 한글 문해 교육에 대한 체계적 이해를 돕고 있다. '3부 한글 문해 교육의 진단과 중재'는 한글 해득의 진단 방법, 부진 판별과 지도 방법, 난독증 등을 다루었다. '4부 한글 문해 교육 지도 활동'은 이 책에서 제시한 한글 문해 교육의 내용과 방법을 적용하여 구체적 지도 활동 사례를 제시하였다.

이 책은 부모님이 자녀의 한글 문해를 이해하고 돕기 위하여 활용할 수도 있고 교사가 한글 교육 전문가로서의 소양을 키우기 위해 활용할 수도 있다. 가능한 많은 독자에게 도움이 되기를 바라는 마음에서 이론적이고 전문적인 내용보다는 일반적 이해를 돕는 내용으로 구성하였다. 한글 문해 교육의 철학과 중요성을 공유하고 보편적인 한글 교육의 기준을 만드는 데 일부라도 기여하고 싶은 것이 필자들의 소박한 바람이다.

정성을 다하여 윤문해 준 한국교원대학교 김태호 교수, 안부영 박사와 박사 과정의 배재훈, 백희정 선생님, 석사 과정의 김미애, 이소현, 김민희, 박예림 선생님에게 고마움을 전한다. 한글 교육의 중요성을 공감하고 기꺼이 헌신해 준 (주)미래엔과 항상 필자들에게 물심양면 지원을 아끼지 않는 가족들, 학계 선후배들에게 무한한 감사를 표한다.

2019년 3월
지은이 일동

차례

1부 한글 문해의 교육적 접근

[1장] 한글 문해 교육, 왜 중요한가? · 12
1. 한글 문해의 개념 · 12
2. 한글 문해 교육의 중요성 · 17

[2장] 한글은 어떤 문자인가? · 21
1. 문자로서 한글의 특성 · 22
2. 한글의 자모 체계 · 27

[3장] 한글은 언제 가르쳐야 할까? · 33
1. 한글 교육 시기에 관한 이론 · 33
2. 한글 교육 시기와 문해 교육 · 37

[4장] 한글 해득 과정은 어떠한가? · 40
1. 한글 해득 모형 · 41
2. 직접 경로 · 43
3. 간접 경로 · 45

[5장] 한글 읽기, 어떻게 발달할까? · 48
1. 읽기 발달 단계 · 49
2. 읽기 발달 오류 · 54

[6장] 한글 쓰기, 어떻게 발달할까? · · · · · · 58
    1. 쓰기 발달 단계 · 58
    2. 쓰기 발달 오류 · 69

2부 한글 문해 교육의 방향

[7장] 유치원과 초등학교의 한글 문해 교육, 어떻게 연계할까? · · 77
    1. 유치원과 초등학교 한글 문해 교육 연계의 필요성 · · · · · · 77
    2. 유치원과 초등학교의 교육과정 비교 · · · · · · · 79
    3. 유치원과 초등학교의 한글 문해 교육 연계 방향 · · · · · 91

[8장] 한글 문해, 무엇을 가르칠까? · · · · · · · 94
    1. 한글 문해 준비도 · · · · · · · · · · · · · · · · · · · 96
    2. 음운 인식(소리 듣고 구별하기) · · · · · · · · · 98
    3. 낱자 지식 · 100
    4. 글자·소리 대응 지식 · · · · · · · · · · · · · · · 102
    5. 해독(소리 내어 낱말 읽기) · · · · · · · · · · · 104
    6. 어휘력 · 106
    7. 글자 쓰기 · 108
    8. 유창성(유창하게 읽기) · · · · · · · · · · · · · · 110

[9장] 한글 문해, 어떻게 가르칠까? · · · · · · 114
    1. 발음 중심 접근법 · · · · · · · · · · · · · · · · · · 115
    2. 의미 중심 접근법 · · · · · · · · · · · · · · · · · · 121
    3. 균형적 접근법 · 131

[10장] 한글 문해 교재는 어떻게 변화했을까? · 141
1. 교수 요목기 · 142
2. 1차~3차 교육과정기 · 145
3. 4차 교육과정기 · 146
4. 5차~7차 교육과정기 · 148
5. 2007 개정 교육과정기 · 151
6. 2009 개정 교육과정기 · 153
7. 2015 개정 교육과정기 · 156

3부 한글 문해 교육의 진단과 중재

[11장] 한글 해득, 어떻게 진단할까? · 164
1. 한글 해득 진단의 필요성 · 164
2. 한글 해득 진단 검사에 대한 현장의 요구 · 167
3. 한글 해득 진단 검사 도구 고찰 · 171
4. 한글 해득 진단 평가 요소 · 174
5. 웹(web) 기반 한글 표준화 진단 검사 · 176

[12장] 한글 해득 부진 지도, 어떻게 할까? · 182
1. 한글 해득 부진의 판별 · 182
2. 한글 해득 부진의 지도 원리 · 183
3. 한글 해득 부진 중재 방법 · 188

[13장] 난독증, 어떻게 지원할까? · 195
1. 난독증의 이해 · 195

  2. 난독증의 진단 ··· 202
  3. 난독증 개선을 위한 지원 ····································· 208

[14장] 한글 문해 교육과 기초 어휘 ······················· 213
  1. 한글 문해에서 기초 어휘 선정의 중요성 ··········· 213
  2. 기초 어휘의 개념 ·· 218
  3. 기초 어휘의 선정 ·· 221
  4. 한글 문해를 위한 기초 어휘(목록) ······················ 230

4부 한글 문해 지도 활동

- 소리 듣고 구별하기: 몇 개의 소리로 된 낱말일까? / 244
- 소리 듣고 구별하기: 시작하는 소리가 같은 낱말은? / 245
- 소리 듣고 구별하기: 같은 낱말, 다른 낱말 찾기 / 246
- 낱자 알기: 자음자를 만들어요 / 247
- 낱자 알기: 이름 듣고 자음자 찾기 / 248
- 낱자 알기: 빠진 모음자를 찾아라 / 249
- 글자·소리 대응하기: 어떤 자음자의 소리일까? / 250
- 글자·소리 대응하기: 글자와 소리 연결하기 / 251
- 글자·소리 대응하기: 어떤 낱자로 만든 글자일까? / 252
- 어휘력: 알맞은 낱말의 뜻을 찾아요 / 253
- 어휘력: 낱말을 완성해요 / 254
- 어휘력: 뜻이 반대인 낱말 찾기 / 255
- 소리 내어 낱말 읽기: 글자의 짜임 알고 낱말 읽기 / 256
- 소리 내어 낱말 읽기: 받침 없는 낱말 읽기 / 258
- 소리 내어 낱말 읽기: 받침 있는 글자의 짜임 알고 낱말 읽기 / 259

- 소리 내어 낱말 읽기: 받침 있는 낱말 읽기 / 260
- 글자 쓰기: 그림 보고 낱말 따라 쓰기 / 261
- 글자 쓰기: 알맞은 받침 쓰기 / 262
- 글자 쓰기: 복잡한 모음이 있는 낱말 따라 쓰기 / 263
- 글자 쓰기: 복잡한 받침이 있는 낱말 따라 쓰기 / 265
- 유창하게 읽기: 낱말을 빠르고 정확하게 읽기 / 266
- 유창하게 읽기: 문장을 빠르고 정확하게 읽기 / 267

참고 문헌 ································· 268

찾아보기 ································· 276

1부

한글 문해의 교육적 접근

1장 한글 문해 교육, 왜 중요한가?
2장 한글은 어떤 문자인가?
3장 한글은 언제 가르쳐야 할까?
4장 한글 해득 과정은 어떠한가?
5장 한글 읽기, 어떻게 발달할까?
6장 한글 쓰기, 어떻게 발달할까?

1장 한글 문해 교육, 왜 중요한가?

1 한글 문해의 개념

우리나라 한글 문해 교육사의 중요한 시기는 광복 무렵이다. 광복 당시 우리나라의 12세 이상 인구 가운데 약 78%가 문맹자였다고 한다. 그리하여 문맹 퇴치를 위한 한글 교육이 광복 직후 가장 시급하고 중요하게 대두되었다. 광복 후 5년간 적극적으로 문맹 퇴치 교육을 실시한 덕분에 78%에 달했던 문맹자가 4%로 줄어들었다(한철우 외, 2006: 459). 놀랍도록 과학적인 한글의 우수성 덕분에 우리나라는 이후 문맹자가 적은 나라로 인정받았다. 1990년에는 유네스코와 한국 정부의 협력으로 문맹 퇴치에 기여한 개인이나 단체에게 수여하는 '세종대왕상'이 만들어지기도 하였다.

그런데 뜻밖에도 최근에 한글 미해득 초등학생들이 많아지고 있다. 2017년에 부산시교육청은 부산 지역 308개 초등학교의 학생을 대상으로 조사한 결과 글을 읽거나 쓰는 데 어려움을 겪는 난독증 의심·추정 학생이 약 700명에 달한다고 밝혔다. 부산에서는 난독증으로 인해 학습에 어려움을 겪는 학생을 지원하는 법적 근거를 마련하였고, 부산 이외에도 많은 지역의 교육청이 난독증 지원을 위한 예산을 확보하려 하고 있다. 난독증 이외에도 다문화 사회로의 변화 등 다양한 요인으로 인해 한글 미해득 학생이 증가하고 있다. 이는 교육계뿐만 아니라 사회 전반적으로 관심을 가져야 할 문제이다.

교육부에서 2015 교육과정 개정 시 공교육의 한글 교육 책무성을 내세우며 초등학교에서 한글 교육을 강화한 것도 이와 관련된다. 문식성 교육에 사회적으로 관심을 가지고 국가적으로 지원하려는 노력은 우리나라뿐만 아니라 전 세계적인 추세이다. 최근 영국의 교육부 장관은 초등학교 문해력 증진을 위하여 수백만 파운드의 투자를 하겠다고 밝혔다. 필요한 교수법, 자료, 문해력 교육 센터 등을 개발하여 모든 아동들이 일단 학교에 입학하면 최고 수준의 문해력 교육을 받을 수 있도록 하겠다는 것이다. 기초 문해력은 곧 국가적 경쟁력으로 이어지므로 문식성 교육이 바르게 이루어지고 있는지에 대해 전 사회 구성원들이 관심을 가져야 한다.

현재의 한글 교육을 점검하고 바람직한 방향을 설정하기 위해서는 한글 문해가 무엇을 의미하는지 그 개념과 중요성에 대하여 사회적으로 합의할 필요가 있다. 먼저 '문해력(文解力)'의 사전적 의미를 살펴보면 '글을 읽고 이해하는 능력'(표준국어대사전)이라고 되어 있다. 한글 문해(文解)의 개념 정립을 위해서는 이와 관련된 용어인 '문식성'의 의미를 보다 폭넓게 고찰할 필요가 있다.

문식성(literacy, 文識性)이란 의사소통을 목적으로 하는 문자 언어의 사용 능력, 즉 모어로 읽고 쓸 수 있는 능력을 가리킨다. 여기서 읽고 쓸 수 있는 능력이란 읽기와 쓰기에 대한 심적 경향이나 사고 방식(서울대국어교육연구소, 1999: 260), 즉 읽기와 쓰기에 대한 인식 및 태도, 그리고 생활 속에서 읽기·쓰기 행동이 가지는 의미와 가치에 대한 개념(McLane & McName, 1990)까지 포함하는 개념이다.

문식성의 본래 어원은 라틴어 'litteratus'에서 왔는데 처음에는 '읽고 쓸 줄 아는 능력'이라는 좁은 의미로 사용되다가 최근에 와서는 그 의미가 확장되며 문식성의 유형을 나누어서 인식하기 시작했다. 일반적으로 문식성은 발달적 측면에서 기초 수준의 문식성과 고등 수준의 문식성으로 나눌 수 있다(노명완, 1990; 서울대국어교육연구소, 1999: 260). 기초 문식성은 짧은 글을 읽고 이해하며, 자신의 생각을 문장으로 쓸 수 있는 정도의 기초적 수준의 읽기·쓰기 능력(이경화, 2007)을 의미하며, 고등 문식성은 추론, 분석, 비판, 해석 등의 사고력을 요하는 읽기, 쓰기 능력을 말한다.

기초 문식성과 고등 문식성은 분절되는 것이 아니라 연속선상에 있는 문식성의 정도를 표현한 것이다. 따라서 기초 문식성 교육이 어떻게 이루어지는가는 고등 문식성 교육에도 영향을 미친다. 예를 들어 기초 문식성을 키우는 시기에 문자에 대한 자연스러운 관심이나 긍정적인 태도가 선행되지 않고 기계적인 문자 해득과 글씨 쓰기에만 치중하면 고등 문식성으로 자연스럽게 확장되기 어려울 뿐더러 읽기, 쓰기에 대한 인식과 태도에도 부정적 영향을 미친다.

기초 문식성 교육은 초등학교 저학년 시기에 매우 중요하다. 기초 문식성과 함께 입문기 문식성이라는 용어가 쓰이기도 하는데, 이는 기초 문식성을 학습하는 시기를 내세운 용어이다. 이경화(2017)는 기초 문식성(basic literacy)이 초등학교 1~2학년군의 성취 도달도에 초점을 둔 용어라면, 입문기 문식성(beginning literacy)은 공식적 문자 교육이 시작되는 초등학교 1학년 시기의 문자 지도를 뜻하여 시기에 초점을 둔 용어라고 구분하였다.

> ▶ 기초 문식성(basic literacy): 한글 문해를 포함하여 짧은 글을 읽고 이해하며, 자신의 생각을 문장으로 쓸 수 있는 정도의 기초적 수준의 읽기·쓰기 능력(초등학교 1~2학년군의 학습자가 도달해야 할 능력)
> ▶ 입문기 문식성(beginning literacy): 공식적 문자 교육이 시작되는 초등학교 1학년 시기의 문자 지도에서 요구하는 수준의 읽기·쓰기 능력(시기적 특성이 반영된 문식성)

이 중 기초 문식성을 구성하는 가장 핵심적인 능력이 한글 문해이다. 한글 문해는 대체로 낱말 수준의 읽기, 쓰기 활동을 통해 이루어지는데, 기계적인 읽기, 쓰기뿐만 아니라 그 낱말의 의미를 아는 것을 말한다. 이 과정에는 음운 지식, 글자와 소리의 대응 지식, 철자 지식 등 다양한 지식들이 관여하고 기초 어휘에 대한 단어 재인 능력 등을 요한다. 즉, 한글 문해란 '시각적으로 제시된 낱말을 말소리로 바꾸어 그 말소리에 해당되는 낱말을 자신의 어휘망(mental lexicon)을 탐색하여 의미와 연결 짓는 능력'이라고 정의할 수 있다.

한글 문해는 문자를 음성화, 의미화하는 초기 읽기는 물론이고 음성을 문자로 기록하고, 낱말의 의미를 알고 쓸 수 있는 초기 쓰기도 포함하는 능력이다. 초기 읽기와 초기 쓰기를 포함하는 개념임을 강조하기 위해 '초기 문해(early literacy)'라는 용어를 사용하기도 한다. '초기 문해'는 결국 한글 문해와 동의어로 초기 읽기와 초기 쓰기를 모두 일컫는 말이다.

> ▶ 한글 문해: 시각적으로 제시된 낱말을 말소리로 바꾸어 그 말소리에 해당되는 낱말을 자신의 어휘망(mental lexicon)을 탐색하여 의미와 연결 짓는 능력, 또는 반대로 낱말의 의미나 음성을 문자화하여 기록하는 능력
> ▶ 초기 문해(early literacy): 한글 문해와 동의어로 초기 읽기와 초기 쓰기를 모두 일컫는다. 초기 읽기는 시각적으로 제시된 낱말을 말소리로 바꾸어 그 말소리에 해당되는 낱말을 자신의 어휘망을 탐색하여 의미와 연결 짓는 능력, 그리고 초기 쓰기는 언어의 음성을 문자로 기록하고, 낱말의 의미를 알고 쓸 수 있는 능력

한글 문해 교육은 이와 관련된 지식과 능력의 작용 기제들을 연구하여 학습자의 한글 해득을 효과적으로 돕는 것이다. 즉, 한글 문해 교육이란 학습자의 한글 문해에 필요한 문자 언어 환경과 체계적인 교수·학습 방법을 제공하는 것이라 할 수 있다. 한글 문해에는 다양하고 복잡한 지식과 능력들이 관여되어 있으며 그 인지적 기제가 모두 밝혀진 것은 아니므로 한글 문해 교육에 대한 관점도 다양하게 변화되어 왔다.

2 한글 문해 교육의 중요성

한글 문해 교육은 한평생 문자와 더불어 살아가야 할 학습자에게 읽기, 쓰기에 대한 기초 기능뿐만 아니라 가치관과 태도를 형성시키는 토대를 제공해 준다. 그런데 학습자의 발달 특성을 고려하지 않은 한글 조기 교육과 한글 선행 학습이 읽기, 쓰기에 대한 학습자의 태도에 오히려 악영향을 끼치는 사례도 많다.

취학 전에 무리하게 한글 해득 학습을 한 학습자는 학습 속도 면에서 빠를 수 있지만 자칫 학교 국어 수업에 흥미를 잃을 수도 있다. 간혹 저학년 때는 책 읽기, 받아쓰기를 잘하였는데, 학년이 올라갈수록 능동적으로 독서와 작문을 하는 데 흥미를 잃는 학생도 있다. 중요한 것은 한글을 얼마나 빨리 깨치느냐가 아니라 문자와 그 문자로 할 수 있는 의미 구성 행위에 얼마나 지속적으로 관심을 가질 수 있게 하느냐이다(이수진, 2014).

따라서 초등학교 1, 2학년 시기에 이루어지는 문식성 교육은 학습자가 문자에 대한 태도를 형성하는 데 결정적 역할을 한다. 교육부는 최근 교육과정을 개정하며 초등학교 한글 교육을 적극 강화하겠다고 밝혔다. 양적으로 늘릴 뿐만 아니라 초등학교에서 한글을 체계적으로 배울 수 있도록 하여 한글 선행 학습의 부담을 없애겠다는 의지도 담겨 있다. 공교육에서 한글 문해 교육을 책임지겠다는 의지는 세계적으로 문식성 교육의 사회적·문화적 역할이 증대되는 경향에도 부합한다.

올바른 한글 문해 교육의 중요성은 다음과 같이 네 가지로 정리할 수 있다. 첫째, 삶의 기초나 마찬가지인 의사소통 능력과 직결되어 사회생활의 통행권으로서 의의가 있다. 사회생활을 하기 위해서는 의사소통 능력이 중요한데, 한글 해득이야말로 의사소통의 기본이 된다. 이 시기의 한글 해득 성공 경험은 성공적인 사회생활의 긍정적인 태도를 가지게 한다. 반면, 한글 해득을 하지 못하면 학습자의 개인의 인권과 사회 복지 면에서도 문제가 발생될 수 있다(이경화, 2017).

둘째, 한글 문해 교육은 학습의 기초 능력을 길러 주어 학교 교육에 적응시키는 역할을 한다. 초등학교에 입학한 학습자에게는 문어적 의사소통에 익숙해지는 것이 중요한 과업이다. 이는 언어 교육이 일상적 의사소통 교육을 넘어서 사고 교육으로 확장되기 위해서도 꼭 필요하다. 초등학교 입학 전 구체적 조작 활동이나 음성 언어를 통해 이루어졌던 학습이 초등 교육을 기점으로 본격적인 사고의 교육으로 전환된다. 읽기와 쓰기 행위는 인간이 고등 사고 능력을 발휘하는 대표적인 활동으로 인정받고 있다(이수진, 2015).

초등학교 1학년들에게 문자를 통한 학습 양식에의 적응은 필수불가결한 과제이다. 초등학교에 입학한 개별 학습자의 성패는 문자 언어 문화에 얼마나 잘 적응하냐에 달려 있다고 해도 과언이 아니다. 초등 입학 전까지의 학습이 음성 언어와 신체 활동을 통해 주로 이루어졌다면 초등 교육 이후로는 주로 문자 언어를 통해 이루어지기 때문이다. 한글 문해 교육은 단순히 글을 읽고 쓸 수 있게 한다는 기능적 의미뿐만 아니라 초등학교 학습자가 학교 교육에 적응하게 하는 중요한 기제이기도 하다.

셋째, 초등 저학년 시기에 이루어지는 한글 문해 교육은 학습자가 평생 사용해야 할 문식 능력을 결정적으로 길러 준다. 학습자에게 초등학교 시기는 문식성을 발달시킬 수 있는 결정적 시기이다. 물론 문식성은 평생에 걸쳐 발달하지만 발달의 정도나 효율성 면에서는 큰 차이가 있다. 이는 뇌과학에서도 인정된 사실이다. 읽기와 쓰기에 기능하는 뇌 부위가 아주 급격히 성장하는 시기가 있는데 대체로 9세 이전이라고 한다(이영수, 2007). 즉, 초등학교 때 받은 읽기·쓰기 교육의 질이 한평생 지닐 문식 능력의 대부분을 결정할 수 있다는 것이다.

넷째, 한글 문해 능력은 학생들의 친교와 공동체 형성에도 영향을 미친다. 이경화·최종윤(2016)은 한글 문해 능력이 학급 공동체 네트워크를 형성하는 데에도 영향을 미침을 밝혔다. 이 연구에 따르면 읽기, 쓰기를 잘하는 학생일수록 학급 친구들과 유대 관계를 원활하게 맺고 학급 공동체 네트워크에서 중요한 역할을 한다. 따라서 한글 문해 교육은 학급 공동체 구성원들과의 연계, 유대 관계 형성 측면에서도 중요하다.

문식성은 교과 학습의 성패를 좌우하고 현대 사회에서 개인이 필요한 정보를 얻고 문명인으로 삶을 영위하는 데 필수적이다. 이러한 문식성의 기틀을 마련하는 중요한 출발점이 되는 시기가 바로 공식적 국어 교육을 처음 시작하는 입문기인 초등학교 저학년 시기이다(이경화, 2017: 2). 이 시기에 한글 문해력을 성취하는 것은 학생들에게 가장 중요한 과업이고, 성공적인 한글 해득은 국어 학습 및 다른 교과 학습에도 긍정적인 영향을 미친다. 반면, 한글 미해득이 발생하는 경우 학습 부진이 지속적으로 누적되는 것은 물론이고 학교 생활 전반과 정서적 측면에 부정적 영향을 미치게 된다.

2장 | 한글은 **어떤 문자**인가?

　세계에는 여러 문자가 있지만 정확히 그 수를 밝힌 문헌은 찾아보기 어렵다. 가장 많은 사람이 사용하고 있는 문자인 알파벳 문자의 사용자 수도 14억 명에서 40억 명에 이르기까지 다양하다고 한다. 한글은 최소 8천만 명 이상이 사용하는 문자로, 이용자 수로는 세계 10위 안에 드는 문자이다(김성도, 2017).
　여기에서는 학습자들이 깨우쳐야 할 한글이 어떤 특성을 지니고 있는 문자인지 살펴보겠다. 문자가 지닌 특성에 대한 지식은 학습자에게 해당 문자를 지도할 때 직간접적으로 도움이 된다. 문자로서 한글이 지닌 특성에 대한 지식은 한국인이라면 익히 알아야 할 고유한 가치를 지닌다.
　먼저 문자의 유형에 대해 살펴보고, 한글이 지닌 문자 유형의 특성을 알아본다. 이어서 현대 국어에서 사용하고 있는 한글 자모와 글자의 구조를 살펴보고, 한글이 창제되던 당시 밝힌 훈민정음의 제자 원리에 대해서 알아본다.

1. 문자로서 한글의 특성

가. 음소 문자

음소 문자는 문자 하나가 소리의 최소 단위인 음소와 1 : 1 대응이 되는 문자를 말한다. 즉 /ㄱ/ 소리를 나타내는 문자는 'ㄱ'인데, 이때 소리 /ㄱ/은 '가지'와 '바지'에서 알 수 있듯이 뜻을 구별할 수 있게 하는 소리의 최소 단위이다. 하나의 낱자가 하나의 음소를 나타낼 수 있다는 점에서 한글은 대표적인 음소 문자에 속한다. 음소 문자는 음절 문자보다 표음성이 더 강하다고 말하는데 이것은 더 많은 소리를 나타낼 수 있음을 뜻한다.

음소 문자는 한 언어의 음소를 표기하는 문자이므로 이론적으로는 그 언어가 가진 음소의 개수만큼의 문자만 있으면 해당 언어를 표기할 수 있다. 문자의 표음성이란 문자와 음소의 대응 정도를 나타내는 말로 표음성은 해당 언어의 표기법에 따라 달라진다(김하수·연규동, 2015).

특히 한글은 뛰어난 표음성을 지닌 것으로 평가받는다. 이 말은 한글로 많은 소리를 표기할 수 있음을 의미한다. 그 예로 한글에는 로마자에 없는 'ㅓ, ㅡ, ㅐ, ㅚ, ㅟ'와 같은 단모음을 나타내는 모음자와 'ㅕ, ㅛ, ㅠ, ㅒ, ㅖ, ㅢ, ㅘ, ㅙ, ㅝ, ㅞ'와 같은 이중 모음을 나타내는 모음자가 있어 여러 가지 소리를 나타낼 수 있다.[1] 음소 문자는 음소를

---

[1] 물론 모음자나 자음자의 수가 많다고 해서 더 우수한 문자라고 말하기는 어렵다. 여기에서는 한글의 표음성에 대한 독자의 이해를 돕기 위해 잘 알려진 로마자와 비교한 것이다.

단위로 하여 만든 문자이므로 글자나 의미를 나타내는 문자에 비해 문자의 수가 적다는 장점이 있다.

나. 음절 문자

한글의 낱자는 음소를 단위로 나타내지만, 한글을 운용하는 방식에 있어서는 낱자를 조합하여 하나의 음절을 이루는 글자로 모아쓰는 방법을 사용한다. 로마자를 사용하는 영어 사용자들이 자모를 옆으로 나열해서 풀어쓰기를 하는 것과는 대조적이다. 한글은 음소 문자이면서도 2~4개의 자모를 글자 단위로 표기하는 방식을 취하기 때문에 어느 정도는 음절 문자의 특성도 가지고 있다. 일본의 가나 문자는 하나의 음절이 하나의 낱자를 나타내는 음절 문자인데, 한글은 이와는 달리 낱자를 모아쓰는 방식으로 음절 단위를 생성함으로써 음절 문자의 특성을 가지는 것이다. 한글은 음소 단위의 자모 체계를 갖추고 있으면서도 음절 단위로 모아쓰기를 한다는 점에서 복합적인 특성을 갖는다. 이렇게 음절 단위로 모아 쓴 글자는 시각적인 경계가 분명하다는 특성이 있다.

다. 자질 문자

자질 문자는 하나의 문자 기호가 하나의 음성적 특징 즉, '자질'을 나타내는 문자이다. 자질 문자에서는 자질이 독자적인 자소 기능을 하게 된다. 음소 문자가 모여 그 상위 단계의 언어 요소인 음절을 나타내듯이 자질 문자가 모이면 그보다 상위 단계의 언어 요소인 음소를 형성하게 된다.

　자질 문자라는 개념은 샘슨(sampson, 1985)이 처음 제안하였다. 샘슨은 자질 문자의 유일한 예로 훈민정음을 소개하고 있다. 훈민정음은 'ㄱ, ㄴ, ㅁ, ㅅ, ㅇ'의 다섯 개의 기본자를 바탕으로 해서 기본자에 가획을 한 번 하면 폐쇄성을 갖고, 두 번 하면 유기성을 가지며, 중복하면 경음성을 갖는다. 모음자 또한 마찬가지다. 각각 하늘, 땅, 사람을 나타내는 세 개의 기본자 'ㆍ, ㅡ, ㅣ'를 이용해 1차 결합으로 'ㅗ, ㅏ, ㅜ, ㅓ'를 만들고, 2차 결합으로 'ㅛ, ㅑ, ㅠ, ㅕ'를 만든다. 즉, ㆍ가 한 번 결합된 모음과 두 번 결합된 모음들은 각각 단모음과 이중모음이라는 음성적 특성으로 구분된다. 자음자와 모음자의 제자 원리가 다른 것도 한글의 자질 문자적 속성을 잘 보여 준다. 훈민정음의 과학성은 이러한 자질 문자적 성격에서 비롯된다.

　다른 어떤 문자들보다 훈민정음이 자질 문자에 가깝지만 훈민정음을 온전한 자질 문자로 보기에는 어려운 점도 있다. 하지만 인류의 역사상 실제 사용된 적이 있거나 지금까지 사용되는 문자 중에서 자질 문자의 속성을 완벽하게 보여 주는 자질 문자는 없다. 그러므로 훈민정음은 이제까지 인류가 만든 수많은 문자 중에서 자질 문자적인 성격이 매우 강한 문자로, 자질 문자를 대표하는 문자로 볼 수 있다.

라. 형태주의 표기법

　표기법의 원리를 나타내는 대표적인 이론에는 표음주의와 표의주의가 있다. 표음주의는 말(소리)을 적는 문자가 소리 나는 그대로를 반영해야 한다고 보는 입장이다. 표음주의(phoneticism)의 입장에서는 문자-소리의 대응이 1 : 1이 되어야 이상적인 것이라고 여긴다. 국제 음성 기호(IPA)는 문자 한 개에 한 가지의 발음이 대응되도록 정한 것으로, 표음주의 표기를 보여 주는 것이다.

반면 표의주의는 문자와 발음의 1 : 1 대응을 중요하게 여기지 않는다. 이는 문자의 인식에서 의미를 중시하기 때문이다. 표의주의는 문자를 소리 나는 대로 적는 것이 불합리함을 크게 두 가지로 설명한다. 먼저 문자가 가진 보수성으로 발음은 시대에 따라 바뀌었지만 문자가 바뀌지 않게 되어 표음에 충실하지 못하는 경우가 생긴다. 둘째, 비슷한 소리를 구별하기 위해 의도적으로 소리와 다른 표기법을 사용하기도 한다. 이는 맞춤법이 까다롭게 된다는 단점이 있지만 읽기의 효율성을 높일 수 있다.

한글은 음소 문자, 음절 문자, 자질 문자의 특성을 가지고 있으나 이를 조합하여 우리말을 글로 옮겨 적을 때에는 의도적으로 정한 표기법을 따른다. 현재 우리가 따르고 있는 표기법의 약속은 '한글 맞춤법'이다. 한글 맞춤법의 제1항에서는 다음과 같이 대원칙을 밝히고 있다.[2]

---

2) 이하의 한글 맞춤법과 관련된 설명은 국립국어원 누리집(http://www.korean.go.kr/front/page/pageView.do?page_id=P000060&mn_id=30)에 제시된 해설을 옮긴 것이다.

> 제1항 한글 맞춤법은 표준어를 소리대로 적되, 어법에 맞도록 함을 원칙으로 한다.

'표준어를 소리대로 적는다.'라는 전제에, '어법에 맞도록 한다.'는 조건이 붙어 있다. 먼저 표준어를 소리대로 적는다는 것은 표준어의 발음을 따라 표기함을 의미한다. 맞춤법은 음소 문자를 어떤 방법으로 조합하여(맞추어) 뜻을 드러내는 낱말로 표기할 것인지를 정한 방법이다. 이때 우리가 쓰는 표준어(말)를 표기하기 위해 자음자와 모음자를 결합하여 소리 나는 대로 쓴다는 것이 기본적인 전제이다.

그런데 모든 낱말을 소리 나는 그대로 적을 수는 없다. 다음과 같이 소리 나는 그대로 적을 경우 뜻을 잘 파악하기 어려운 경우가 많이 생기기 때문이다.

'꽃'의 여러 가지 발음		
[꼬ㅊ]	꽃이[꼬치] 꽃을[꼬츨] 꽃에[꼬체]	
[꼰]	꽃나무[꼰나무] 꽃놀이[꼰노리] 꽃망울[꼰망울]	
[꼳]	꽃과[꼳꽈] 꽃다발[꼳따발] 꽃밭[꼳빧]	

이 경우 발음 그대로만 쓰면 뜻을 쉽게 파악하기 어려워 독서의 능률이 떨어지게 되므로 '꽃'은 소리 나는 대로가 아닌 원래의 형태를 밝혀 적게 된다. 이런 경우 때문에 '어법에 맞도록 한다.'는 원칙이 추가된 것이다. 어법이란 언어 조직의 법칙 또는 언어 운용의 법칙이

라고 풀이된다. 어법에 맞도록 한다는 것은 결국 뜻을 파악하기 쉽도록 하기 위하여 각 형태소의 본 모양을 밝히어 적는다는 말이다. 형태소는 단어의 기초 단위가 되는 요소인 실질 형태소와 접사나 어미, 조사처럼 실질 형태소에 결합하여 보조적 의미를 덧붙이거나 문법적 관계를 표시하는 요소인 형식 형태소로 나뉜다. 맞춤법에서는 각 형태소가 지닌 뜻이 분명히 드러나도록 하기 위하여 그 본 모양을 밝히어 적는 것을 또 하나의 원칙으로 삼은 것이다.

2 한글의 자모 체계

한글을 만들던 시기에 제시된 훈민정음의 제자 원리를 살펴보기로 한다.

가. 현대 국어의 자모

현대 국어에서 사용하는 한글의 자음자는 총 19개, 모음자는 21개이다.

현대 국어에서 사용하는 한글의 자모는 다음과 같다.

〈표 1〉 현대 국어 한글의 자모 및 사전에 올릴 적의 순서

자음자 (14개)	ㄱ(기역)	ㄴ(니은)	ㄷ(디귿)	ㄹ(리을)	ㅁ(미음)
	ㅂ(비읍)	ㅅ(시옷)	ㅇ(이응)	ㅈ(지읒)	ㅊ(치읓)
	ㅋ(키읔)	ㅌ(티읕)	ㅍ(피읖)	ㅎ(히읗)	

모음자 (10개)	ㅏ(아) ㅑ(야) ㅓ(어) ㅕ(여) ㅗ(오) ㅛ(요) ㅜ(우) ㅠ(유) ㅡ(으) ㅣ(이)
자음자 (5개)	ㄲ(쌍기역) ㄸ(쌍디귿) ㅃ(쌍비읍) ㅆ(쌍시옷) ㅉ(쌍지읒)
모음자 (11개)	ㅐ(애) ㅒ(얘) ㅔ(에) ㅖ(예) ㅘ(와) ㅙ(왜) ㅚ(외) ㅝ(워) ㅞ(웨) ㅟ(위) ㅢ(의)
사전에 올릴 적의 순서	자음 ㄱ ㄲ ㄴ ㄷ ㄸ ㄹ ㅁ ㅂ ㅃ ㅅ ㅆ ㅇ ㅈ ㅉ ㅊ ㅋ ㅌ ㅍ ㅎ 모음 ㅏ ㅐ ㅑ ㅒ ㅓ ㅔ ㅕ ㅖ ㅗ ㅘ ㅙ ㅚ ㅛ ㅜ ㅝ ㅞ ㅟ ㅠ ㅡ ㅢ ㅣ

나. 한글 글자의 구조

한글은 자음자와 모음자가 합쳐져 하나의 글자를 이룬다. 한글 글자의 짜임을 크게 나누면 받침이 없는 '자음자'+'모음자' 구조와 받침이 있는 '자음자'+'모음자'+'자음자' 구조로 나눌 수 있다. 이 각각의 짜임에서 모음의 종류와 위치에 따라 세 가지 유형이 생긴다. 이렇게 한글은 총 6개의 글자 구조로 분류되는데, 이를 정리하면 다음과 같다.[3]

3] 한글 글자의 구조에 대해 김홍기(2010)는 좌우 구조, 좌우 받침 구조, 상하 구조, 상하 받침 구조, 상하우 구조, 상하우 받침 구조 6개의 순서로 제시하였다. 〈표 2〉에서는 김홍기가 제시한 용어를 사용하되 글자의 구조에서 받침 여부에 따라 크게 이원화하였다.

〈표 2〉 한글 글자의 구조

'자음자'+'모음자' (받침이 없는 글자)	좌우 구조	개, 더, 마, 야, 지 등
	상하 구조	규, 노, 르, 부, 요 등
	상하우 구조	과, 뇌, 왜, 쥐, 췌 등
'자음자'+'모음자' +'자음자' (받침이 있는 글자)	좌우 받침 구조	감, 덕, 밀, 약, 형 등
	상하 받침 구조	곡, 눈, 돈, 용, 흉 등
	상하우 받침 구조	권, 된, 월, 웬, 활 등

다. 훈민정음의 제자 원리

'훈민정음'이란 용어는 두 가지 의미로 쓰이는데, 하나는 문자 이름이고 또 하나는 『훈민정음해례본』, 『훈민정음언해본』과 같은 문헌 이름이다(홍윤표, 2016). 『훈민정음해례본』이 세상에 알려지기 전까지는 훈민정음이 만들어진 원리에 대해 많은 견해가 있었다. 여기에서는 『훈민정음해례본』에 제시된 내용을 바탕으로 훈민정음의 제자 원리를 살펴보기로 한다.

(1) 자음자

우리말의 자음은 5개의 조음 기관에서 소리가 만들어진다. 'ㄱ, ㄴ, ㅁ, ㅅ, ㅇ'은 이 5개의 조음 기관을 본떠 만든 기본 낱자이다. 'ㄱ'은 혀뿌리가 목구멍을 막는 모양을, 'ㄴ'은 혀가 윗잇몸에 닿는 모양을, 'ㅁ'은 입의 모양을, 'ㅅ'은 이의 모양을, 'ㅇ'은 목구멍의 모양을 각각 본떠 만든 글자이다.

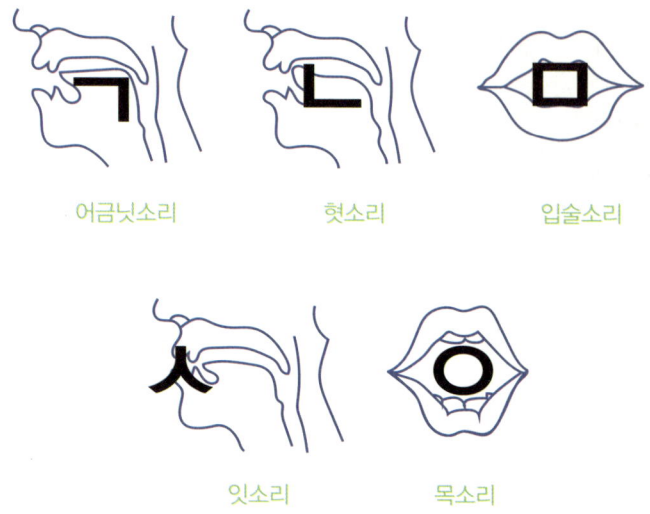

어금닛소리　　혓소리　　입술소리

잇소리　　목소리

[그림 1] 조음 기관을 본떠 만든 자음자

〈표 3〉 기본자

오음(五音)	기본자	본뜬 모양
아음(어금닛소리)	ㄱ	혀뿌리가 목구멍을 막는 모양
설음(혓소리)	ㄴ	혀가 윗잇몸에 닿는 모양
순음(입술소리)	ㅁ	입 모양
치음(잇소리)	ㅅ	이 모양
후음(목소리)	ㅇ	목구멍 모양

위의 기본 낱자에 획을 더하거나 모양을 변화시켜 다른 자음자를 만들었다. 획을 더하여 만든 9개의 자음자는 가획자가 된다. 여기에 이체자 'ㆁ, ㄹ, ㅿ'을 포함하여 15세기 훈민정음의 자음자는 총 17

개였다. 여기에는 현재 사용하지 않는 세 개의 자음자가 포함되어 있었다.

〈표 4〉 가획자와 이체자

기본자	가획자	이체자
ㄱ	ㅋ	ㆁ
ㄴ	ㄷ, ㅌ	ㄹ
ㅁ	ㅂ, ㅍ	
ㅅ	ㅈ, ㅊ	ㅿ
ㅇ	ㆆ, ㅎ	

(2) 모음자

모음은 '홀소리'라고도 하는데, 소리가 나올 때 닿는 곳이 없이 홀로 나는 소리라는 의미이다. 모음자는 조음 기관이 아닌 철학적 사상이 토대가 되었는데, 하늘의 둥근 모양을 본떠 'ㆍ'를, 땅의 모양을 본떠 'ㅡ'를, 사람의 모양을 본떠 'ㅣ'를 만들었다.

이 기본 문자를 한 번씩 합쳐 'ㅗ, ㅜ, ㅏ, ㅓ'를 만들고, 'ㆍ'를 두 번씩 합쳐 'ㅛ, ㅠ, ㅑ, ㅕ'를 만들어서 총 11개의 모음자가 되었다.

<표 5> 기본 모음자

기본자(상형 원리)		
· (둥근 하늘)	ㅡ (평평한 땅)	ㅣ (서 있는 사람)

<표 6> 초출자와 재출자

합성 원리		
	초출자	재출자
양성	ㅗ, ㅏ	ㅛ, ㅑ
음성	ㅜ, ㅓ	ㅠ, ㅕ

3장 | 한글은 언제 가르쳐야 할까?

한글은 언제 지도해야 하는 것일까? 그에 대한 명확한 답을 제시한 문헌은 찾기 어렵다. 모든 아이의 신체적, 지적 발달 과정은 개인차가 있기 때문에 어떤 시기를 지정하여 한글 학습을 시작해야 한다고 말하는 것은 어불성설이다. 따라서 교사나 학부모는 여러 학자들이 제시하는 문자 지도의 시기 및 방법에 대한 논의를 살펴보고, 학습자의 특성에 적합한 지도 방안을 종합적으로 선택할 필요가 있다. 여기에서는 유아의 언어 발달과 관련한 여러 관점을 살펴보고, 각 관점에서 내세우는 문자 지도의 시기와 방법의 특성에 대해 알아보겠다.

1 한글 교육 시기에 관한 이론

한글 문해 학습의 시작 시기는 한글 문해의 개념을 무엇으로 볼 것인가에 따라 차이를 보인다. 예를 들어, '아이들은 언제부터 책을 읽어야 할까?'라는 질문에 책을 가지고 노는 수준부터 책 읽기라고 답한다면 만 1세 무렵부터도 가능하다고 할 수 있다. 그에 비해 책에 있는 글자를 스스로 읽고 유창성을 전제로 한 책 읽기를 가리킨다면 초등학교에 입학한 이후가 되어야 적절한 시기라고 말할 수 있다. 쓰기의 경우도 이와 마찬가지여서 유아가 쓰기 도구를 사용할 수 있는 시기부터 문자 쓰기 교육이 시작된다고 볼 수도 있고, 또는 정확한 낱자 지식과 음절 지식을 기반으로 글자를 쓸 수 있는 시기부터 한글 해득 교육이 본격적으로 시작되는 것으로 규정할 수도 있다.

여기에서는 한글 교육 시기에 관한 여러 이론 중에서 읽기 준비도 관점과 발생적 문해의 관점을 소개하고자 한다. 읽기 준비도 관점은 성숙주의 이론과 행동주의 이론의 영향을 받은 것으로 읽기나 쓰기에 필요한 학습자의 준비도를 중시하는 입장이다. 발생적 문해의 관점은 주변 환경이나 사람들과의 상호 작용을 중시하는 입장이다.

가. 읽기 준비도 관점

읽기 준비도 관점은 인간의 발달에는 생물학적 성숙이 전제 조건이라고 보는 성숙주의에 입각한다. 즉, 읽기나 쓰기에 필요한 학습자의 감각 운동이 충분히 성숙된 시기가 되기 전까지는 문해 교육을 하지 말고 기다려야 한다고 보는 입장이다. 이를 읽기 준비도라고 말한 것은 읽기 쓰기에 필요한 기술을 갖추어 준비된 상태가 될 때야말로 문해 학습을 시작할 수 있는 시기라고 여기기 때문이다. 이 관점에서는 취학 전 학습자에게 읽기나 쓰기를 가르치는 것은 부담을 줄 수 있기 때문에 발달적으로 충분히 준비를 한 후 문해 교육을 시작하기를 권장한다.

초기에 성숙주의의 영향으로 발달하게 된 읽기 준비도의 관점은 시대 변화에 따라 관련 이론의 영향을 받게 된다. 1950~60년대에는 행동주의 이론의 영향을 받으면서 문해 교육을 위해 정해진 시기를 기다리기만 하는 것이 아니라 의도적으로 준비도를 갖추어 줄 수 있도록 해야 한다는 입장을 취하게 되었다.

(1) 성숙주의 읽기 준비도

성숙주의는 인간의 언어 발달에서 생물학적인 성숙을 강조하는 입장이다. 이는 1920년대 게젤(Gesell)이 연령에 따른 발달 단계, 준비도, 표준 행동 목록 등을 제시함으로써 교육 현장에 많은 영향을 미쳤다. 게젤의 성숙주의에 따르면 '발달'은 생물학적 성숙을 따르는 것이므로 시간의 흐름에 따른 변화를 기다리는 것이다. 이 관점은 학습자들은 일정 연령이 되면 읽기와 쓰기를 할 수 있게 된다고 보기 때문에 완전히 성숙될 때까지 기다린 후에 의도적인 문해 지도를 해야 한다고 보았다.

(2) 행동주의 읽기 준비도

행동주의의 기본 가정은 반응이란 외부의 자극과 강화의 원리에 의해서만 일어나는 결과이며, 학습의 과정도 이와 같은 것으로 본다. 행동주의 관점에서 읽기 준비도는 일정한 시기가 될 때까지 기다리는 것이 아니라 의도적으로 학습자에게 읽기와 쓰기 학습을 시키는 것을 중요하게 여긴다. 이 관점에서는 취학 전의 학습자들도 문해 교육을 실시할 수 있으며 그렇게 해야 한다고 권장한다.

나. 발생적 문해의 관점

발생적 문해(emergent literacy)란 읽기, 쓰기 행동이 자연스럽게 나타난다는 뜻을 지닌 용어이다. 발생이라는 용어는 유아에게 뭔가 새로운 능력이 형식적 교수 없이도 발달된다는 의미로 무엇인가 되어 가는 과정, 계속적으로 성장하고 변화하는 과정을 의미한다(한국유아교육학회 편, 1996).

발생적 문해의 입장에서 바라보는 학습자의 문해 능력은 씨앗에 빗대어 설명할 수 있다. 땅속에 묻힌 씨앗은 물과 영양분을 받아들여 언젠가는 뿌리를 내리고 싹을 틔우게 된다. 씨앗의 겉모습만 봐서는 씨앗이 어떤 꽃을 피우고 어떤 열매를 맺게 될 것인지를 바로 알 수 없다. 학습자가 글을 읽고 쓰는 문해 능력도 이와 마찬가지여서 처음에는 눈에 띄지 않는 기초 기능들이 점차 발달해 가다가 언젠가는 숙련된 읽기, 쓰기 기능이 완성된다고 보는 것이다.

이 관점에 의하면 학습자들은 완전한 읽기, 쓰기 행동이 아니라 하더라도 아주 어릴 때부터 읽고 쓰는 능력을 가지고 있다고 본다. 즉, 책을 만져 보거나 읽는 척을 하는 것, 책을 훑어보는 것도 발생적 문해의 관점에서는 학습자의 문해 능력이 발달해 가는 과정에서의 의미 있는 행동으로 본다. 아울러 어른들이 알아볼 수는 없지만 학습자가 긁적거리는 행동이나 나름대로 창안해 낸 글자를 쓰거나 낙서를 하는 행동까지도 초기 쓰기의 행동으로 간주하여 중요시한다. 이는 읽기 준비도의 관점에서는 미숙한 행동으로 취급되었던 행동을, 발생적 문해의 관점에서는 학습자의 초기 문해 행동으로 격려하고 지지한다는 점에서 읽기 준비도의 관점과 차이를 보인다.

발생적 문해의 관점에서는 주변 환경과의 상호 작용에 의한 언어 학습을 중요하게 여긴다. 이때 상호 작용은 학습자를 둘러싼 물리적 환경과의 상호 작용이 될 수도 있고, 언어를 구사하는 사람들과의 상호 작용이 될 수도 있다. 즉, 학습자가 스스로 필요한 지식과 기술을 능동적으로 깨우쳐 가며 의미를 구성하는 것을 중요하게 간주한다. 따라서 학습자 주변의 환경을 문해 학습에 최적화되도록 구성하는 것이 중요하다. 환경과 상호 작용하면서 학습자가 의미 있는 경험을 축적함으로써 문해 학습이 더욱 활발히 일어날 수 있다.

2   한글 교육 시기와 문해 교육

가. 읽기 준비도 관점과 문해 교육

성숙주의 읽기 준비도 관점에서는 학교에 들어가기 전에는 문자 교육을 하지 않도록 권장한다. 이들은 문해 교육이 의도적이고 계획적이기보다는 교사가 학습자와 대화하는 과정에서 학습자의 생물학적 성숙과 함께 이루어질 수 있는 것이므로 발달 특성에 맞는 어휘나 문장을 사용할 것을 제안한다. 학습자의 준비도에는 정의적인 것도 포함되므로 학습자가 문해 교육에 흥미를 보이는 것은 중요한 요인에 속한다. 이런 관점에서 가능한 활동에는 모양 그리기, 색칠하기, 그림 맞추기 정도의 읽기 준비 활동이 있을 수 있다.

행동주의 읽기 준비도 관점에서는 무엇을 가르칠 것인지를 미리 계획하여 언어 학습의 내용 및 순서를 정하게 된다. 학습자에게 쉬운 것에서부터 어려운 것으로 배열된 과제를 제시하고 순서에 따라 단계적으로 학습을 시키는 것을 중요하게 여긴다. 예를 들면, 시지각 식별 및 기억, 청각적 식별 및 기억, 낱자 이름 및 낱자 소리에 관한 지식 등을 위계화하여 가르치는 것이다.

또, 충분한 연습 기회를 제공하고, 반복 학습을 하면 나이가 어린 학습자라도 읽기나 쓰기를 배울 수 있다고 본다. 학습자가 읽기나 쓰기에서 실수를 하면 해당 지식이나 기능을 반복적으로 연습하도록 한다.

나. 발생적 문해 관점과 문해 교육

발생적 문해 관점에서는 학습자 주변의 풍부한 문해 환경을 강조한다. 이와 관련하여 매킨 외(Makin etc, 2004)는 주변의 인쇄물을 활용하는 활동을 제시하고 있는데, 그 중 일부를 소개하면 다음과 같다.

- 인쇄물을 찾으며 산책 가기 – 간판, 광고, 숫자, 쇼핑몰, 주민 센터 등을 찾아보기
- 카드와 편지를 만들고 부치기 – 생일, 위문, 초대, 감사, 안부 등
- 목록 만들기 – 해야 할 일, 가장 좋아하는 음식/장난감/비디오/활동/게임/소프트웨어의 목록 만들기
- 배지 만들기 – 이름, 그림, 메시지를 포함한 배지 만들기
- 포스터 만들기 – 좋아하는 책, 방문 장소, 애완동물, 스포츠, 게임

등에 대한 포스터 만들기
- 자기 이름 스스로 쓰기 – 자기 물건에 이름쓰기, 문구나 가방 등 자신의 물품에 이름쓰기, 큰 책이나 칠판에 이름 쓰기
- 책 만들기 – 종이를 접거나 붙여서 책 만들기

4장 ｜ 한글 해득 과정은 어떠한가?

　한글 해득은 읽기 능력과 쓰기 능력의 가장 기초가 되는 능력이다. 한글 해득은 낱말을 읽고 쓰는 능력인데, 이것이 숙달되어야 글의 의미 파악이 가능해진다.

　한글 해득과 관련해서는 다양한 용어가 사용되므로, 용어에 대한 정확한 이해가 필요하다. 한글 해득은 초기 문해와 동의어로 초기 읽기와 초기 쓰기를 의미한다.

　한글 해득은 문자를 시각적 자극을 통해 받아들이고 일련의 정신 과정을 거쳐 낱말을 읽고 쓰며, 그 낱말의 의미를 아는 것을 말한다. 즉, 한글 해득은 시각적으로 제시된 단어를 말소리로 바꾸어 그 말소리에 해당되는 낱말을 자신의 어휘망(mental lexicon)에서 탐색하여 의미와 연결 짓고, 음성을 문자로 기록하고 낱말의 의미를 알고 쓸 수 있는 것을 말한다.

　한글 해득은 초등 1학년 수준의 기초 어휘에 대한 '단어 재인'과 '글자 쓰기'를 모두 포함한다. 이것은 하루아침에 이루어지는 것이 아니라 점진적인 발달 과정을 거치면서 이루어진다. 이 장에서는 한글 해득 과정을 살펴보겠다.

1 한글 해득 모형

초기 독자와 초기 필자는 한글 해득 과정에서 때로는 낱자로부터 단어를 재인하는 직접 경로를 사용하기도 하고, 때로는 그 단어에 접근하기 위해 글자·소리 대응 원리를 반영하는 간접 경로를 사용하기도 한다. 이러한 한글 해득 과정은 자이덴베르그(Seidenberg, 1985)가 제안한 이중 경로 모형(dual route model)을 바탕으로 설명할 수 있다.

이중 경로 모형에 따르면, 문자 해득 과정은 크게 두 가지 경로를 통해 이루어지고 이들은 서로 독립적이다. 한글 해득은 두 가지 경로(간접 경로와 직접 경로)로 이루어지는데, 때로는 직접 경로를 거치고 때로는 간접 경로를 거친다.

단어 재인의 직접 경로는 표기 정보에서 의미 정보 활성화로 직접 연결되는 경로를 말한다. 즉, 글자를 전체로 기억하거나 암기하고 음운 부호 처리 과정을 거치지 않고 곧바로 단어의 의미를 이해하는 방식이다. 이에 비해, 단어 재인의 간접 경로는 표기 정보의 음운 부호 처리 과정을 통해 의미 정보가 활성화되는 경로를 말한다. 이때, 음운 부호 처리 과정이 추가적으로 필요하므로 간접 경로라고 불린다.

한글 해득은 한 가지로 이루어지는 것이 아니라 학습자의 발달에 따라 서로 다른 경로로 나타난다(Doctor & Coltheart, 1980). 학습자는 한글 해득 과정에서 발달 단계에 따라 직접 경로나 간접 경로를 선택적으로 사용하거나 직접 경로와 간접 경로 두 가지를 모두 사용하기도 한다.

한글 해득 과정에서 일어나는 학습자의 심리적 처리 과정인 한글 해득 모형을 제시하면 [그림 1]과 같다.[4]

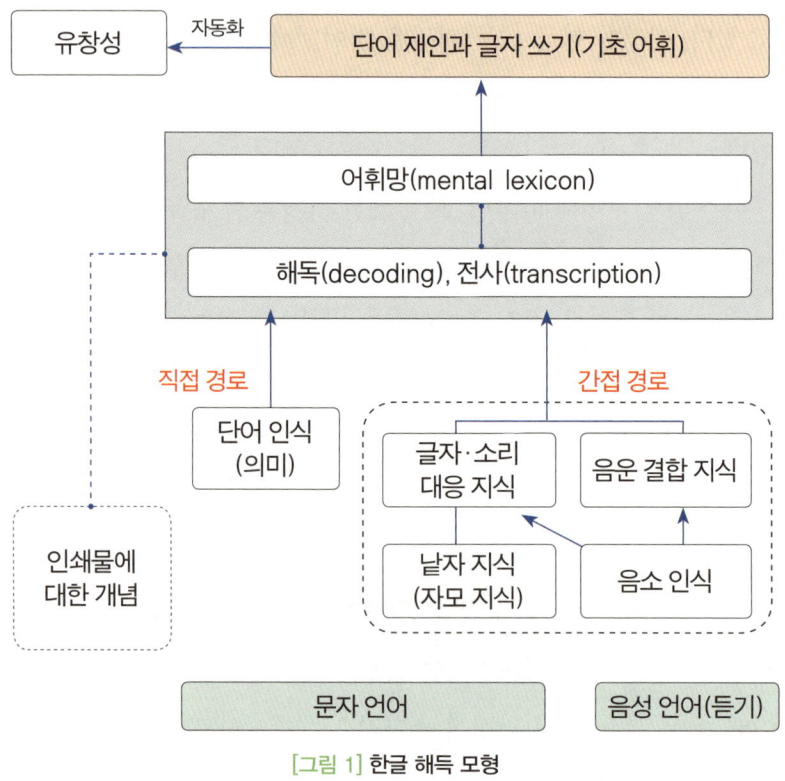

[그림 1] 한글 해득 모형

---

[4] 한글 해득 과정에서 일어나는 학습자의 심리적 처리 과정은 초기 읽기와 초기 쓰기에 대해 모두 기술해야 하나, 논의의 편의상 주로 초기 읽기 과정을 중심으로 설명하고 필요시 초기 쓰기 과정을 설명하겠다.

2 직접 경로

단어 재인에서 직접 경로란 단어의 의미를 이해하기 위해, 음운 부호 처리 과정을 거치지 않고, 글자·의미 관계를 통해 글자를 통째로 기억하거나 암기하여 바로 단어의 의미를 알게 되는 것을 말한다. 학습자는 단어를 통글자로 소리 내어 읽고 어휘망 처리 과정(lexical access)을 통해 즉시 학습자의 기억 속에 있는 단어의 의미 정보를 탐색하여 인출해 단어의 의미를 이해하게 된다.

한글 해득의 직접 경로 과정을 그림으로 나타내면 [그림 2]와 같다.

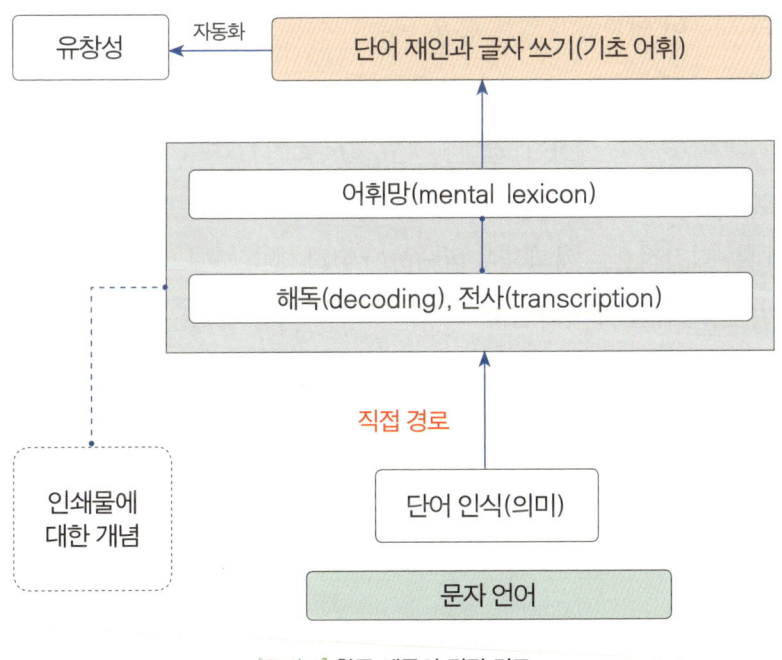

[그림 2] 한글 해득의 직접 경로

한글 해득 모형에서 직접 경로를 사용할 때는 다음과 같다. 첫째, 아직 음소 인식 능력이 부족한 유아나 초기 독자는 처음에는 직접 경로를 사용한다. 이들은 처음에는 음운 부호 처리 과정을 거치지 않고 글자를 통째로 기억하거나 암기하여 바로 단어의 의미를 이해한다(직접 경로). 그러다가 점차 음소 인식 능력이 향상되면 음운 부호 처리 과정을 거치고(간접 경로) 그것을 근거로 심성 어휘집[5]을 탐색하여 의미를 이해하게 된다.

둘째, 초기 독자가 고빈도 낱말이나 글자·소리 대응 규칙이 적용되지 않는 낱말을 재인하는 경우에 직접 경로를 사용한다. 초기 독자는 자주 노출되어 곧바로 해독할 수 있는 고빈도 낱말이나 글자·소리 대응이 일치하지 않는 음운 변동이 있는 낱말은 단어 전체를 통째로 기억하여 단어 재인을 하게 된다.

셋째, 능숙한 독자의 경우에 직접 경로를 사용한다. 능숙한 독자는 음운 부호 처리 과정을 거치지 않고 단어를 보고 곧바로 단어의 의미를 직접적으로 처리하여 이해하게 된다(Ehri & Wilce, 1985). 즉, 글자·소리 대응 지식이 보다 자동화되면서 직접 경로를 취하게 된다. 읽기가 보다 능숙해지면 나중에는 철자 형태의 정보만으로도 어휘망 처리를 할 수 있게 된다.

---

[5] 심성 어휘집은 어휘망(mental lexicon)과 같은 용어이며, 개별 단어의 발음이나 의미에 대한 기존의 기억을 인출하는 일련의 시스템을 말한다. 언어 사용자는 심성 어휘집을 참조하여 단어가 가지고 있는, 또는 이에 연관된 정보들을 활용하게 된다.

3 간접 경로

　단어 재인에서 간접 경로란 학습자가 단어의 의미를 이해하기 위해 시각적으로 제시된 문자 정보를 소리 정보로 바꾸는 음운 부호 처리 과정을 거쳐서 그것을 근거로 어휘망을 탐색하여 의미를 이해하는 과정을 말한다. 학습자는 낱자의 형태와 이름에 대한 철자 지식, 음소 인식, 음운 결합 지식, 글자·소리 대응 원리를 통해 문자 정보를 소리 정보로 전환할 수 있어야 한다.

　능숙한 읽기를 하기 위해서는 음운 인식이 필요하다. 크라우더(Crowder, 1982)는 초기 독자는 두 가지 기능, 문자 상징이 말소리 단위를 표상한다는 것과 말소리 단위는 음소라는 것을 알아야 한다고 하였다. 한글과 같은 표음 문자는 음운 부호 처리를 하려면 반드시 낱자를 변별할 수 있어야 하고 각 낱자의 음소를 알고 이를 결합할 수 있어야 한다.

　또, 단어의 의미를 이해하기 위해서는 해독을 할 수 있어야 할 뿐만 아니라 어휘력이 풍부해야 앞에서 제시한 한글 해득 모형에서 보듯이 '해독'과 '어휘망'의 관계는 상호 유기적인 관계이다. 가령, 학습자가 소리 내어 읽기(해독)를 할 수 있어도 어휘력이 부족하면 낱말의 의미를 이해하지 못하고 결국 단어 재인에 실패하게 된다.

　한글 해득의 간접 경로 과정을 그림으로 나타내면 [그림 3]과 같다.

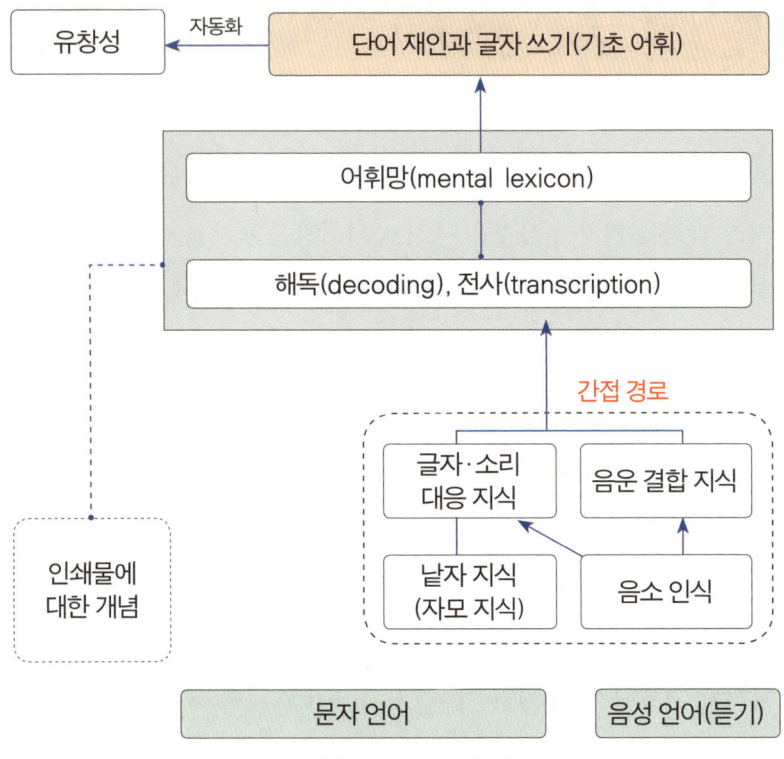

[그림 3] 한글 해득의 간접 경로

한글 해득 모형에서 간접 경로를 사용하는 경우는 다음과 같다.

첫째, 음운 인식 능력이 있는 초기 독자의 경우에 간접 경로를 사용한다. 이들은 음운 인식 능력이 있으므로 음운 부호 처리 과정을 거쳐 낱말을 소리 내어 읽고 어휘망을 탐색하여 단어의 의미를 파악하게 된다.

둘째, 능숙한 독자도 저빈도 단어를 재인할 때에는 간접 경로를 사용한다. 능숙한 독자라도 저빈도 단어를 읽고 쓸 때에는 음운 부호 처리 과정을 거쳐서 의미를 파악한다.

　한글 해득 모형에 대한 이해는 한글 문해 교육 방향과 직결된다. 이 장에서는 한글 해득 과정을 이중 경로 모형으로 설명하였는데, 한글 해득 과정에서 학습자가 발달 단계에 따라 직접 경로나 간접 경로를 선택적으로 사용하거나 직접 경로와 간접 경로를 모두 사용한다는 것을 살펴보았다. 이 가설은 한글 해득 과정을 직접 경로나 간접 경로 중 어느 하나의 경로만 사용하는 것으로 보는 단일 경로 가설과는 큰 차이가 있다.

　교사가 한글 해득 과정을 단일 경로 가설로 인식하면 단어의 의미를 강조하는 의미 중심 접근법(whole word method)이나 글자·소리 대응을 강조하는 발음 중심 접근법(phonics method) 중에서 어느 한 가지 방법으로만 지도할 것이다. 반면에 교사가 한글 해득 과정을 이중 경로 가설로 인식하면 직접 경로와 간접 경로를 선택적으로 사용하거나 모두 사용할 때에 결과적으로 두 가지 경로에 대한 학습이 필요하므로, 의미 중심 접근법과 발음 중심 접근법을 병행하는 균형적 접근법으로 지도할 것이다.

5장 한글 읽기, 어떻게 발달할까?

　읽기 능력은 점진적으로 발달한다. 아이들은 어느 날 갑자기 글을 읽게 되는 게 아니라 다양한 읽기 경험들이 쌓이고 쌓여서 읽기 능력을 형성한다. 예컨대, 부모와 함께 그림책을 읽는 경험, 부모와 형제들이 읽는 것을 관찰하는 경험 등으로 읽기에 관심을 가지며, 읽기가 생활에서 매우 중요하다는 것을 알게 된다. 그리고 자신이 읽을 수 있는 글자의 수가 점점 늘어나면서 표지판, 간판, 상표 등에 쓰인 낱자를 읽을 수 있게 된다. 또, 낱자를 읽게 되고 낱자와 낱자의 소리를 연결 짓고, 낱자가 모여 낱말이 만들어짐을 알게 된다.
　초기 읽기란 시각적으로 제시된 낱말을 말소리로 바꾸어 그 말소리에 해당되는 낱말을 자신의 어휘망(mental lexicon)에서 탐색하여 의미와 연결 짓는 것을 말한다. 이 장에서는 초기 읽기의 발달 단계와 발달 과정에서 나타나는 오류를 살펴보겠다.

1 읽기 발달 단계

(1) 샬(Chall)의 읽기 발달 단계

 샬(Chall, 1979)은 읽기 발달 단계(stage of reading development) 모형을 제시하였다. 이 모형은 문자에 관심을 가지는 시기부터 성인에 이르기까지를 거시적으로 접근하였다. 이 연구에서 제시한 읽기 발달의 단계는 총 5단계(읽기 이전 단계, 1단계: 기호의 음성화 단계, 2단계: 확인과 유창함의 단계, 3단계: 새로운 것을 한 관점에서 배우는 단계, 4단계: 다양한 관점을 계발하는 단계, 5단계: 세계적인 관점의 단계)이다. 이 중 초기 읽기와 관련이 있는 것은 앞의 두 단계이다. 이 두 단계를 중심으로 읽기 발달 단계를 살펴보겠다.

■ 읽기 이전 단계(출생부터 유치원까지)

 이 단계의 아이들은 다른 시기보다도 더욱 많은 변화를 겪는다. 그래서 다른 시기에 비해 더 오랜 시간을 보낸다. 학교에서 공식적인 교육을 받기 전이라도 아이들은 태어나면서부터 다양한 환경에서 문자를 경험하고 이를 자연스럽게 학습한다. 또, 지각력과 감각이 발달하면서 읽기 능력의 발달에 필요한 준비를 한다. 이러한 지각력과 감각의 발달은 첫째 단계의 읽기 발달을 위해 꼭 필요하다.

 이 시기에는 언어의 문장 구조나 그 의미도 학습하게 된다. 예를 들어, 언어는 음절로 나누어지고, 나누어진 음절은 다른 낱말에서도 활용되는 것을 발견한다. 그리고 낱말의 어떤 음절끼리는 발음이 같고, 음절의 소리들이 모여서 전체 낱말을 형성한다는 것도 알게 된다.

▌ 1단계: 기호의 음성화 단계(초등학교 1~2학년)

이 단계의 아이들은 낱말을 더 작은 부분인 음절로 나눌 수 있음을 알게 된다. 그리고 각각의 낱말에서 나눈 음절들 중, 서로 같은 것을 일치시킬 수 있게 된다. 이와 관련하여 비밀러(Biemiller, 1970)의 연구를 토대로 이 단계 아이들의 읽기 발달을 살펴볼 수 있다. 1학년 아이들은 읽기 능력이 향상되면서 다음과 같은 특징이 나타난다. 첫째, 문장을 읽으면서 원래의 낱말을 다른 낱말로 바꾸어 읽는다. 그러나 바꾸어 읽더라도 문법적인 오류는 없으며 의미도 통한다. 둘째, 의미는 맞지 않으나 원래의 낱말과 모양이 비슷한 낱말로 읽는 오독과 아예 읽지 않고 넘어가는 무반응 오류가 점차 늘어난다. 셋째, 글을 읽으면서 글자 모양과 의미의 정확성 모두에 관심을 가진다.

(2) 슐즈비(Sulzby)의 읽기 발달 단계

슐즈비(Sulzby, 1994)의 읽기 발달 단계는 다음과 같다.

▶ 1단계: 이야기가 형성되지 않은 그림 읽기 단계(그림 지배적 읽기 단계)
　① 그림의 명칭을 말하거나 간단하게 해설하는 단계
　② 그림이 표현하고 있는 행동을 말하는 단계
▶ 2단계: 이야기를 형성할 수 있는 그림 읽기 단계
　① 대화체로 이야기를 말하는 단계
　② 독백 형식으로 이야기를 말하는 단계

> ▶ 3단계: 문어식으로 읽기를 시도하는 단계
>   ① 문어식 읽기와 이야기 말하기가 혼합된 단계
>   ② 책의 내용과 비슷하게 말하는 단계
>   ③ 낱말이나 내용을 암기하여 읽는 단계
> ▶ 4단계: 글자 중심으로 읽기 단계
>   ① 글자를 인식하지만 읽을 줄 몰라서 '난 못 읽어요.'와 같은 의사를 표현하는 단계
>   ② 아는 글자를 찾아서 몇 개의 글자나 낱말에 집중하며 읽기를 시도하는 단계
>   ③ 모르는 글자는 생략하거나 알고 있는 낱말로 대체하여 문장과 거의 비슷하게 읽는 단계
>   ④ 거의 정확하게 읽는 단계

(3) 클레이(Clay)의 읽기 발달 단계

초기 읽기 또는 독서 입문기는 한글을 배우며 해독(decoding)을 하는 과정이다. 이 과정은 유아기 때부터 학습한 것을 토대로 점진적으로 발달해 간다. 그러다가 초등학교 1~2학년 시기에 이르러 본격적인 학습이 시작된다. 이 단계에서는 그림과 글자를 구분하며, 글과 소리의 관계를 알고 기초 어휘에 대한 발음과 해독, 낱말과 구절, 문장 끊어 읽기 등을 익힌다. 그러나 유아 시기보다 인지적으로 더 발달하므로 한글 익히기와 책 읽기를 더욱 체계적이고 효율적으로 학습할 수 있다. 클레이(Clay, 1972)는 초기 읽기의 발달 단계를 다음과 같이 제시하였다.

> ▶ 제1단계: 글자는 말로 바뀔 수 있는 것임을 안다.
> ▶ 제2단계: 구어에서는 잘 사용하지 않는 문어체 형태의 말을 만든다.
> ▶ 제3단계: 그림이 내용의 단서가 됨을 알고, 그림을 보고 적절한 문장을 생각해 낸다.
> ▶ 제4단계: 기억한 이야기 내용과 그림의 도움을 받아 책을 읽고, 책에 쓰인 문장을 대부분 기억한다.
> ▶ 제5단계: 낱말의 시각적 단서를 사용하여 문장을 재구성한다. 글자를 손가락으로 짚으며 특정한 낱말이 어디 있는지 질문하기도 한다.

(4) 천경록의 읽기 발달 단계

천경록(1998)은 샬(Chall, 1979)의 연구를 토대로 읽기 능력 발달 단계를 7단계(독서 맹아기, 독서 입문기, 기초 기능기, 기초 독해기, 고급 독해기, 독서 전략기, 독립 독서기)로 설명하였다. 이 중 초기 읽기 단계와 관련이 깊은 것도 앞의 세 단계이다. 이에 그 세 단계를 중심으로 읽기 발달 단계를 살펴보겠다.

▌독서 맹아기

독서 맹아기는 글을 읽기 이전 단계로 주로 음성 언어를 사용한다. 일반적으로 아이들이 태어나서 유치원을 다닐 때까지의 시기에 해당한다. 이 단계의 아이들은 부모나 형제, 친구 등의 주변 인물로부터 음성 언어를 배운다. 아이들이 부모로부터 듣는 이야기, 다양한 매체를 통해 보고 듣는 프로그램, 자신의 직접적인 경험 등은 언어 발달에 중요한 역할을 한다. 이 시기의 읽기 발달을 위해서는 부모의 역할이 매우 중요하다. 그러므로 부모는 아이들에게 의미 있는 경험을 제공해 줄 수 있는 문식성 환경을 적극적으로 조성해야 한다.

▎독서 입문기

독서 입문기는 본격적으로 한글 문해를 시작하는 시기이다. 문자 언어를 배우면서 말뿐만 아니라 글로도 의사소통할 수 있다는 것을 깨닫는다. 아이들은 글자를 배우고 글자와 소리의 관계를 인식하며 낱말을 소리 내어 읽을 수 있다. 아이들은 그림과 글자를 구분하며 글자와 소리의 관계, 기초 어휘에 대한 발음과 해독, 낱말과 구절, 문장을 정확하게 끊어 읽기 등을 학습한다. 이 단계에서 익힌 것은 다른 교과 학습의 바탕이 되므로 '독서 학습(learning to read)'의 시기라고도 한다.

▎기초 기능기

기초 기능기는 해독을 넘어 독해로 발달하면서 독서의 기초 기능을 학습한다. 이 시기의 아이들은 어구 나누기를 시작하면서 긴 문장을 의미 중심으로 나누어 읽기 시작하고 글을 유창하게 읽을 수 있다. 그리고 점차 소리 내어 읽던 습관에서 벗어나 소리 내지 않고 읽으려고 시도한다. 즉, 묵독이 중심이 되는 의미 중심의 독서를 한다. 또한 '학습 독서(reading to learn)'가 시작되는 시기이다.

2 읽기 발달 오류

아이들은 글을 읽다가 정확하게 읽지 못하는 모습을 자주 보인다. 글을 정확하고 유창하게 읽으면 좋겠지만 그렇지 못하고 오류를 보이는 아이들이 있다. 읽기 오류란 글을 읽는 과정에서 유창하게 읽지 못하는 것을 말하며, 다른 말로 오독(誤讀)이라고도 한다.

읽기 오류에 대한 관점은 크게 두 가지로 나눌 수 있다(이경화, 2008: 27~28).

첫째, 진단 교정의 관점이다. 읽기 과정에서 발생하는 실수를 오류(error)이자 고쳐야 할 잘못된 행동으로 인식한다. 이 관점에서는 아이들이 소리 내어 글을 읽는 과정에서 오독이 발견되면 오류가 교정될 때까지 발음과 억양 등을 반복 지도한다.

둘째, 정보 제공의 관점이다. 이는 읽기 과정에서 발생하는 오독을 자연스러운 현상으로 인식한다. 이를 두고 굿맨(Goodman, 1976)은 '독서 과정을 들여다볼 수 있는 창문'이라고 하였다. 즉, 음독 오류(oral reading miscue)를 읽기 능력의 향상 과정에서 자연스럽게 나타나는 발달로 바라본다. 이 관점에서 오류는 진단, 교정, 제거해야 할 것이 아니라 독자의 상태를 알려 주는 중요한 정보이기에 이를 구체적으로 파악하는 데 주목한다.

읽기 오류는 오독 분석법을 활용하여 관찰할 수 있다. 오독 분석법은 아이들의 현재 읽기 능력을 알아보기 위해 제시문을 읽게 하고, 이를 녹음한 후에 오류가 나타나는 부분을 평가하는 방법이다. 일반적으로 무반응, 첨가, 생략, 대치(무의미, 의미), 자기 수정, 반복, 떠듬 거림, 반전, 건너뜀 오류 등의 유형이 있다.

이러한 오류 유형은 경우에 따라 더욱 세분하기도 한다. 예컨대, 생략 오류는 제시된 낱말 전체를 생략하는 오류와 낱말의 일부만을 생략하는 오류로 구분할 수 있다. 반복 오류도 전체를 반복하는 오류, 부분만 반복하는 오류, 첫음절을 반복하는 오류 등으로 구분할 수 있다. 이경화(2008)가 제시한 음독 오류 유형을 살펴보면 다음과 같다.

① 무반응 오류

독자가 글을 읽을 때 친숙하지 않은 낱말에서 멈추어 10초 정도 반응하지 않는 경우

> ▶ 기대 반응: 인수가 먼저 절을 하였습니다.
> ▶ 오류 반응: 인수가 (멈춤) 하였습니다.

② 첨가 오류

글에 없는 낱말을 추가하는 경우

> ▶ 기대 반응: 도시락을 가지고 갑니다.
> ▶ 오류 반응: 도시락을 싸 가지고 갑니다.

③ 생략 오류

글에 있는 낱말을 생략하는 경우

> ▶ 기대 반응: 작은 해바라기를 친친 감고 올라갔습니다.
> ▶ 오류 반응: 작은 해바라기를 (   ) 감고 올라갔습니다.

④ 무의미 대치 오류

글을 대치하여 읽은 낱말의 뜻이 없는 경우

> ▶ 기대 반응: 모두 덩달아 야단들이었습니다.
> ▶ 오류 반응: 모두 덩달라 야단들이었습니다.

⑤ 의미 대치 오류

글에 있는 것 이외의 의미 있는 낱말로 대치하여 읽는 경우

> ▶ 기대 반응: 그날 밤에는 바람이 세게 불었습니다.
> ▶ 오류 반응: 그날 밤에는 밤이 세게 불었습니다.

⑥ 자기 수정 오류

처음에는 틀리게 읽었는데, 곧 다시 돌아와 그 낱말을 수정하여 읽는 경우

> ▶ 기대 반응: 버스에 올랐습니다.
> ▶ 오류 반응: 버스에 올라탔습니다.(1차) → 버스에 올랐습니다.(2차)

⑦ 반복 오류

낱말을 반복하여 읽는 경우

> ▶ 기대 반응: 이 세상에는 우리보다 더 약한 것도 있군!
> ▶ 오류 반응: 이 세상에는 우리보다 우리보다 더 약한 것도 있군!

⑧ 떠듬거림 오류

낱말을 읽을 때, 특정 음절을 떠듬거리면서 읽는 경우

> ▶ 기대 반응: 사이좋게 보아라.
> ▶ 오류 반응: 사-사이좋게 보아라. 사이좋게 보-보아라.

⑨ 반전 오류

낱말이나 음절 순서를 바꾸어 읽는 경우

> ▶ 기대 반응: 작은 해바라기는 기뻤습니다.
> ▶ 오류 반응: 작은 해라바기는 기뻤습니다.

⑩ 건너뜀 오류

두 낱말 이상을 건너뛰는 경우

> ▶ 기대 반응: 이때 이야기를 듣던 늙은 토끼가 말했습니다.
> ▶ 오류 반응: 이때 이야기를 (   ) (   ) 토끼가 말했습니다.

6장 | 한글 쓰기, 어떻게 발달할까?

쓰기도 읽기와 마찬가지로 점진적으로 발달한다. 발달(적)이란 어느 한 단계의 쓰기가 완전히 끝나고 다음 단계의 쓰기가 나타난다는 뜻이 아니라 한 단계의 쓰기 형태가 그 상위 또는 하위 단계의 쓰기 형태와 병행하여 나타난다는 것이다(이차숙, 2004: 512). 그렇기에 쓰기는 '장기간에 걸쳐 점진적으로 발달하는 능력'(이수진, 2016)이라고 할 수 있다.

초기 쓰기란 음성 언어를 문자 언어로 기록하고 기록한 낱말의 의미를 알고 쓸 수 있는 것을 의미한다. 이 장에서는 초기 쓰기의 발달 단계와 발달 과정에서 나타나는 오류를 살펴보겠다.

1. 쓰기 발달 단계

(1) 이영자·이종숙의 쓰기 발달 단계

이영자·이종숙(1985)은 외국의 문헌과 사례를 통해 파악한 쓰기 발달 단계가 우리나라 아이들의 쓰기 과정에서도 동일하게 나타나는지를 분석하였다. 이를 위해 쓰기 발달이 긁적거리기, 획의 출현, 의도적 자형의 출현, 완전한 글자 형태의 출현, 완전한 낱말 쓰기, 완전한 문장 쓰기의 형태로 진전될 것이라는 가설을 세우고 우리나라 아이들의 쓰기 과정을 관찰하였다. 자신의 이름 쓰기, 아는 글자를 모두 쓰기, 좋아하는 사람에게 편지 쓰기 과제를 제시하고, 이를 해결하는 과정을 분석하였다. 그 결과, 우리나라 아이들의 쓰기 발달 단계를 다음과 같이 제시하였다.

> ▶ 1단계: 긁적거리기 단계
> • 하위 1단계: (글자의 형태가 나타나지 않으나) 세로선이 나타나는 단계
> • 하위 2단계: (글자의 형태가 나타나지 않으나) 가로선이 나타나는 단계
> ▶ 2단계: 한두 개의 자형이 우연히 나타나는 단계
> ▶ 3단계: 자형이 의도적으로 한두 개 나타나는 단계
> ▶ 4단계: 글자의 형태가 나타나지만 가끔 자모의 방향이 틀린 단계
> ▶ 5단계: 낱말 쓰기 단계
> • 하위 1단계: 완전한 낱말 형태가 나타나지만 가끔 자모음의 방향이 틀린 단계
> • 하위 2단계: 완전한 낱말 형태가 나타나고 자모음의 방향이 정확한 단계
> ▶ 6단계: 문장 쓰기 단계
> • 하위 1단계: 문장 형태가 나타나지만 부분적으로 잘못도 나타나는 단계
> • 하위 2단계: 틀린 글자 없이 완전한 문장 형태가 나타나는 단계

이 연구에 따르면 우리나라 아이들의 쓰기 발달 과정은 연령이 증

가함에 따라 상위 단계로 이동한다. 연령별 특징을 살펴보면 3세는 주로 1~2단계에, 4세는 주로 3~5단계에, 5세도 주로 3~5단계에 해당하였다. 그들의 연구에 참여한 아이들 중에서는 6단계는 발견되지 않았다고 한다. 따라서 쓰기 능력은 긁적거리기, 획의 출현, 의도적 자형의 출현, 완전한 글자 형태의 출현, 완전한 낱말 쓰기, 완전한 문장 쓰기로 발달함을 알 수 있다.

(2) 겐트리(Gentry)의 쓰기 발달 단계

겐트리(Gentry, 1981)는 영어권 학생들의 철자 쓰기 발달 양상을 분석하였다. 유치원에서 초등학교 4학년까지 학생들에 'MONSTER'라는 철자를 쓰도록 한 뒤 이 과정을 관찰하였다. 그 결과 쓰기 발달 단계를 다음과 같이 5단계로 구분하였다(이수진, 2010).

■ 문자 이전 단계(Deviant Stage) [미취학 아동]

이 단계의 아이들은 '낱말'의 개념을 인식하지 못하고 소리와 문자의 관계를 알지 못한다. 그림을 그리듯 낙서하는 것을 즐기며, 자신의 낙서를 보며 설명을 하기도 한다. 그런데 이러한 낙서는 문자, 숫자와 유사한 형태를 닮아가다가 점차 정확한 형태로 변한다. 그러나 아직은 소리와 글자의 연결 관계에 대해 잘 모르기 때문에 이 시기 아이들이 쓴 글자는 대체로 읽기가 어렵다. 가령 MONSTER를 btBpA처럼 쓰는 식이다. 그런데 자기 이름은 정확하게 쓰기도 한다.

■ 준음성적 단계(Prephonetic Stage) [유치원~1학년]

이 단계의 아이들도 아직 관습적인 문자를 쓰지는 못한다. 그런데 문자가 어떤 음성을 대표한다는 것을 인식하기 시작한다. 비록 낱말의 개념을 명확하게 알지 못하지만 단순한 상징을 쓰는 것보다 낱말을 쓰고 싶어 한다. 그러나 아직은 문자와 음성의 일대일 대응을 어려워하기 때문에 MONSTER를 MSR로 쓰는 것처럼 중요한 음성을 빼놓는 등의 오류가 나타난다.

■ 음성적 단계(Phonetic Stage) [1학년 시기]

이 단계의 아이들은 철자와 음성을 대체로 연결하는 편이다. 하지만 음운 변동이 발생하는 낱말을 소리 나는 대로 쓰는 오류가 나타난다. 그렇더라도 MONSTER를 MONSTR처럼 쓰는 정도의 오류이므로 이 단계의 아이들이 쓰는 낱말은 다른 사람들이 읽고 대체적으로 이해할 수 있다.

■ 전이적 단계(Transitional Stage) [1학년 말~2학년 초]

이 단계의 아이들은 표준적인 철자 쓰기를 자주 쓰기 시작한다. 자신이 쓴 글자가 어떻게 보이는지, 어떻게 읽는지를 인식하게 되면서 관습적인 철자를 쓰게 되며, 창안적 철자 쓰기나 소리 나는 대로 쓰던 모습이 점차 사라진다. 이 시기 아이들은 MONSTER를 MONSTUR로 쓰는 식의 실수를 하곤 한다. 이를 통해 발음이 같더라도 철자는 다를 수 있음을 인식한다.

■ 정확한 단계(Correct Stage) [2학년~4학년]

이 단계의 아이들은 철자를 정확하게 쓰기 시작한다. 그래서 MONSTER를 오류 없이 정확히 쓸 수 있다. 또, 어근, 과거형, 단모음 등을 쓰는 데 능숙해지면서 낱말의 의미에 대한 지식도 증가한다. 그러나 아직은 이중 자음, 접사 등을 정확하게 쓰기에는 어려움을 겪는다.

(3) 창안적 글자 쓰기 발달 단계

조선하·우남희(2004)는 창안적 글자 쓰기의 발달 과정에 초점을 두고 우리나라 아이들의 쓰기 발달 과정을 연구하였다. 창안적 글씨 쓰기는 표준적 쓰기를 이해하고 정확히 글자를 쓰기 전에 스스로 인지적 사고 과정을 거쳐 언어적 규칙을 깨닫고 소리에 대응하는 철자를 만드는 과정이다.

〈표 1〉 쓰기 발달 단계(조선하·우남희, 2004: 323)

단계	명칭	특징
1	창안적 철자 출현 전 단계	단어를 대각선, 원 등으로 표기한 경우나 가로선 형태가 나타나는 단계
2	문자 형태 출현 단계	음절 형태가 나타나고 실제 있는 글자들이 간헐적으로 나타나는 단계
3	미완성적인 문자 출현 단계	글자 형태가 나타나지만, 음절 수와 소리가 불규칙적으로 연결되는 단계
4-1	음절의 수 인식 단계	음절을 나눌 수 있고, 단어의 길이를 조절할 수 있는 단계

4-2	음에 따른 철자 인식 단계	말하는 소리와 관계하여 철자 쓰기를 나타내어 일정한 패턴을 보이는 단계로 접두사, 접미사 이해가 나타나는 단계
5	불완전한 음-음절 연결 단계	단순한 소리의 표기는 가능하지만 다음 소리와 연결에 어려움이 있고, 음절 수와 소리의 연결이 어느 정도 가능하지만 오류를 보이는 단계
6	표준 철자 단계	표준 철자를 쓰며 의미도 함께 이해하는 단계

이 6단계의 특징에 대해 살펴보면 다음과 같다.

1단계는 글자를 원이나 도형으로 표현한다. 예1 과 같이 원 모양에 선을 첨가하고, 도형을 색칠하거나 타원 형태의 세로 선이 나타난다. 그리고 점차 예2 와 예3 처럼 규칙적인 도형을 가로 형태로 표현하기 시작한다. 또한 예4 처럼 복잡한 모양도 등장한다. 이 단계에서는 실제 사물(해, 동물의 다리 등)의 특성을 살려 표현하는 경향이 있다.

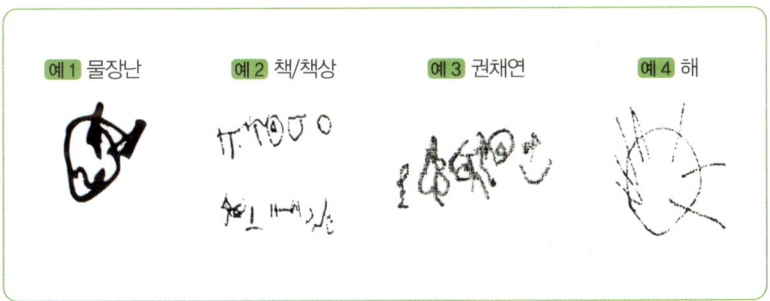

[그림 1] 1단계: 창안적 철자 출현 전 단계

2단계는 문자 형태가 나타난다. 예5 처럼 글자 형태가 더러 나타나지만 읽기는 어렵다. 또한 예6, 예7처럼 실제로는 없는 글자 형태가 나타난다. 2단계 후반으로 갈수록 자신의 이름은 제대로 쓰지만, 특정 글자에서 자음이나 모음의 위치가 바뀌거나, 좌우역전 현상이 나타나거나, 자음을 생략하여 쓰는 등의 현상이 나타난다.

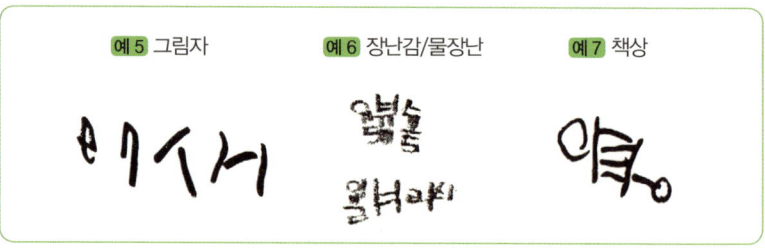

[그림 2] 2단계: 문자 형태 출현 단계

3단계는 글자의 형태는 나타나지만, 음절 수와 음이 제시한 낱말과 관련이 없다. 아래의 그림에서 볼 수 있듯이, '다리'나 '해바라기'를 쓰라고 했지만 이와 상관없는 표현이 나타난다. 실제 글자의 형태를 갖추고 읽을 수도 있지만 제시한 것과 관련은 없다. 글자 모양을 기억하고 자음자와 모음자 조합은 이해하지만, 아직 음절과 음의 대응은 완전하지 못한 단계이다.

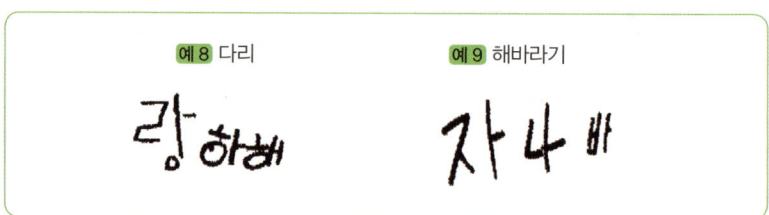

[그림 3] 3단계: 미완성적인 문자 출현 단계

4단계는 음절 수 인식과 음에 따른 철자 인식 단계이다. 음절 문자인 한글의 특성상 음절 수를 먼저 인식하고 음에 따른 철자를 동시에 인식하는 경우도 있다. 다음 그림은 음과는 상관없는 글자이지만 음절 수는 맞게 쓴 경우와 점차 음에 맞는 음절이 나타나기 시작하는 단계를 표현하는 과정의 예이다.

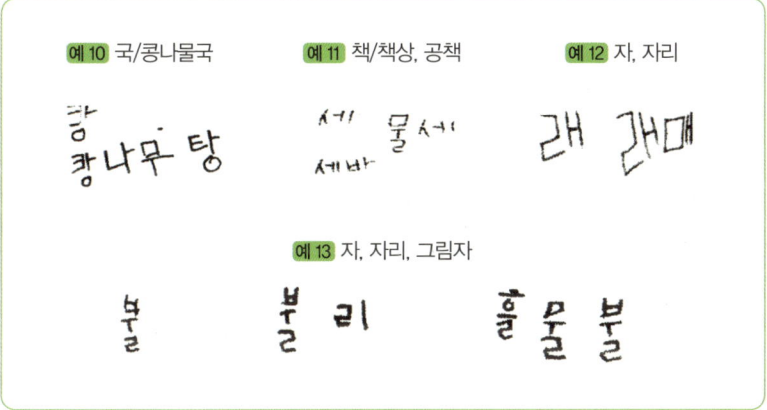

[그림 4] 4-1단계: 음절의 수 인식 단계

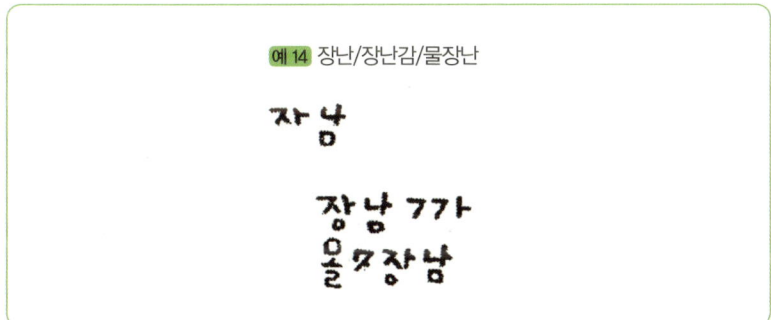

[그림 5] 4-2단계: 음에 따른 철자 인식 단계

5단계는 불완전한 표준 글자 쓰기 단계이다. 음과 음절을 연결해 가는 단계로 글자의 형태에서 탈락이나 첨가 등이 나타난다. 예 15 에서는 'ㅊ'을 정확하게 쓰지 못해 형태에서 오류가 나타났다. 또, 예 16 의 '닭, 까닭, 닭장' 처럼 겹받침이 들어가는 낱말을 쓸 때 오류가 나타난다. 아직은 표준 글자 쓰기의 완성이 이루어지기 전 단계라고 할 수 있다.

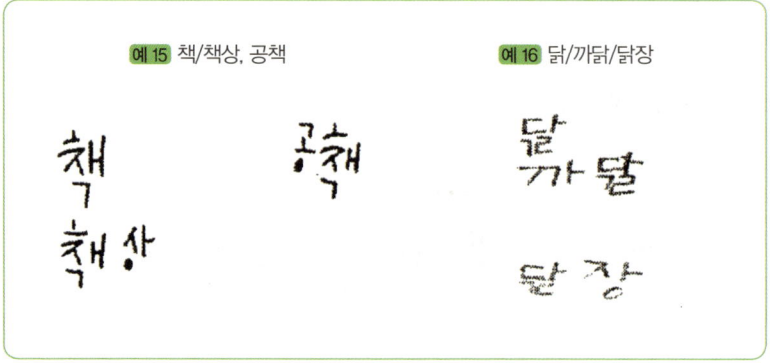

[그림 6] 5단계: 불완전한 음-음절 연결 단계

6단계는 표준 철자 단계이다. 이전 단계에서는 주로 틀리게 썼던 겹받침 낱말도 오류 없이 정확히 쓸 수 있다. 그리고 소리 나는 대로 쓰던 오류도 나타나지 않는다. 글자를 쓸 때 표준 글자와 같이 완성하며 오류 없이 쓰는 단계이다.

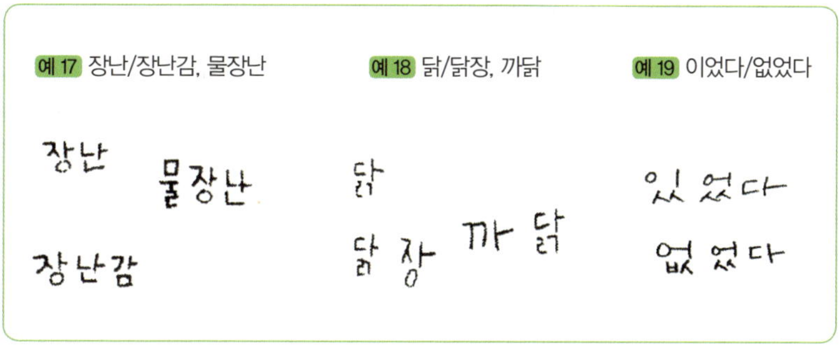

예 17 장난/장난감, 물장난   예 18 닭/닭장, 까닭   예 19 있었다/없었다

장난   물장난   닭   있었다
장난감   닭장 까닭   없었다

[그림 7] 6단계: 표준 철자 단계

    조선하·우남희(2004)는 이 6단계를 기준으로 우리나라 아이들의 쓰기 발달에 대해 연구한 결과를 다음 세 가지로 제시하였다.
    첫째, 우리나라 아이들의 창안적 글자 쓰기 발달 과정은 다른 나라 아이들의 발달 과정과 공통점도 있지만 차이점도 있다. 공통점은 국외 연구자들이 제시한 것처럼 쓰기 발달이 글자를 긁적거리기에서 점차 완성된 글자 형태를 갖추며 발달한다는 점이다. 차이점은 알파벳 문자를 사용하는 언어권에서 나타나지 않는 묶음 형태의 문자가 우리나라 아이들의 발달 과정(2단계)에서는 나타난다는 것이다. 이는 음절 문자를 사용하는 한글의 특성에서 비롯된 것으로 음절 인식이 좀 더 일찍 시작되는 것으로 볼 수 있다.
    둘째, 창안적 글자 쓰기는 연령에 따라 전반적인 모든 과제에서 차이가 난다. 이름 쓰기의 경우, 3세를 제외한 4~6세 아이들은 표준 철자에 가까웠다. 이는 4세가 되면서 이름 쓰기가 급격히 발달하는 것을 뜻한다. 또, 음절 수 인식은 연령이 높아짐에 따라 발달하는데 5세에서 6세에는 음절 수 인식이 완성되는 것으로 나타났다.

셋째, 창안적 글자 쓰기는 성별에 따라 유의미한 차이가 없다. 다른 나라의 사례에서는 창안적 글자 쓰기에 대해 성별에 따른 차이를 보이는 경우가 있었다. 그러나 우리나라 아이들을 대상으로 한 연구에서는 이름 쓰기, 음절 수와 음에 따라 쓰기의 모든 영역에서 여자아이의 평균이 높기는 했지만 유의미한 차이는 없었다.

한편 연령에 따른 창안적 글자 쓰기의 발달은 다음과 같이 설명하였다. 3세는 주로 창안적 글자 쓰기 전 단계인 1단계에 해당한다. 4세는 글자 형태가 나타나기 시작하는 2단계부터 음과 음절을 연결하기 시작하는 5단계까지 폭넓게 해당한다. 4세의 약 1/3 이상의 4-2단계에 있어 3세에 비해 쓰기 능력이 많이 발달되었다고 보았다. 5세의 절반 이상이 5단계에 속했고, 6세는 5단계와 6단계에 각각 50%씩 분포하다가 시간이 지날수록 6단계인 표준 철자 단계로 발달한다고 보았다. 이를 통해 연령에 올라감에 따라 발달 단계 역시 함께 다음 단계로 나아간다는 것을 알 수 있다.

2 쓰기 발달 오류

가. 쓰기 오류 유형

한글 쓰는 법을 학습하는 초기 쓰기 시기는 창안적 글자 쓰기 단계에 해당한다. 이 시기 학생들의 글자 쓰기 오류를 살펴봄으로써 음운 인식 정도를 비롯한 쓰기 능력의 발달 정도를 파악할 수 있다. 이에 다음에서는 쓰기 능력의 발달과 학생의 발달 시기적 특징을 고려하여 쓰기 발달 오류의 유형을 설명하겠다.

장상임(2005)은 창안적 글자 쓰기의 오류 유형을 '생략', '대치', '첨가', '글자 형태 오류', '무반응'의 다섯 가지로 제시하였다. 한편, 정인자(2012)는 '소리 나는 대로 쓰기', '생략', '대치', '삽입', '접속사 과다 사용'의 다섯 가지 오류 유형을 제시하였다. 여기에서 세 유형(생략, 대치, 삽입)은 공통인 반면에 소리 나는 대로 쓰기와 접속사의 과다 사용은 다른 유형이다. 이를 종합하면 쓰기 오류의 유형으로는 '생략', '대치', '첨가', '글자 형태 오류', '무반응', '소리 나는 대로 쓰기', '접속사 과다 사용'의 일곱 가지를 들 수 있다.

〈표 2〉 쓰기 오류 유형과 예시

오류 유형	판단 기준 및 정의	오류의 예(목표 낱말)
생략	모음 생략	ㅅ(소)
	음절말 자음 생략	바(밭)
대치	음절초 자음 대치	객(책)
	모음 대치	는(눈)
	음절말 자음 동일 음가 대치	닥(닭)
	음절말 자음 비동일 음가 대치	꼭(꽃)
첨가	음절말 자음 첨가	빈(비)
글자 형태 오류	좌우역전(mirror image) 형태의 글자	ᅫ(래)
	획의 탈락, 첨가, 왜곡된 형태의 글자	예ㅣ(예)
무반응	10초 내에 쓰려고 시도하지 않는 글자	
소리 나는 대로 쓰기	맞춤법을 무시하고 소리 나는 대로 쓴 음절	안자(앉아), 따까습니다(닦았습니다)
접속사 과다 사용	그리고, 그러나 등의 접속사를 문장의 앞이나 중간에 2회 이상 연속해서 사용하는 경우	그래서 나는 오늘 밖에 나갔습니다. 그리고 놀았습니다. 그리고 축구를 했습니다. 그러나 …….

나. 한글 필순 오류

초기 쓰기 단계에서는 글자 쓰기의 기본이 되는 자음자와 모음자를 바르고 정확하게 쓰는 연습이 필요하다. 최종윤(2018)은 한글 자모 필순 지도의 원리에 대해 고찰하고 학생들의 자모 쓰기 오류를 살펴보고 있다.

한글은 필획의 위치와 형태에 따라 특정한 형태로 존재한다. 한글의 형태를 구성하는 각 필획은 통일성 있는 원칙에 의해 필순을 유발한다. 한글 자모의 필순 원칙은 필획의 통일성 있는 위치와 형태의 구성으로 정해진다.

한글 자모의 형태는 획의 개수에 의해 구분된다. 한글 자모는 한 획, 두 획, 세 획, 네 획의 필획으로 구분된다. 한 획에는 '자음 기역(ㄱ), 자음 니은(ㄴ), 자음 이응(ㅇ), 모음 으(ㅡ), 모음 이(ㅣ)'가 있다. 두 획에는 '자음 디귿(ㄷ), 자음 시옷(ㅅ), 자음 지읒(ㅈ), 자음 키읔(ㅋ), 모음 아(ㅏ), 모음 어(ㅓ), 모음 오(ㅗ), 모음 우(ㅜ)'가 있다. 세 획에는 '자음 리을(ㄹ), 자음 미음(ㅁ), 자음 치읓(ㅊ), 자음 티읕(ㅌ), 자음 히읗(ㅎ), 모음 야(ㅑ), 모음 여(ㅕ), 모음 요(ㅛ), 모음 유(ㅠ)'가 있다. 네 획에는 '자음 비읍(ㅂ), 자음 피읖(ㅍ)'이 있다.

한글 자모 필순의 기본 원칙은 첫째, 획이 하나인 경우, 위에서 아래로, 왼쪽에서 오른쪽으로 쓴다. 예컨대, 모음 이(ㅣ)는 위에서 아래로 쓰고 모음 으(ㅡ)는 왼쪽에서 오른쪽으로 쓴다. 한글의 모든 글자는 이러한 대원칙을 적용하여 획을 구성한다. 둘째, 획이 두 개 이상인 경우 왼쪽과 위쪽에 위치한 획을 먼저 쓴다. 예를 들어, 모음 아(ㅏ), 모음 야(ㅑ), 모음 어(ㅓ), 모음 여(ㅕ)는 왼쪽 획을 먼저 쓰고, 모음 오(ㅗ), 모음 요(ㅛ), 모음 우(ㅜ), 모음 유(ㅠ)는 가로획과 세로획이 교차될 때 위쪽의 획을 먼저 쓴다. 셋째, 왼쪽 삐침(丿)과 오른쪽 파임(乀)이 있을 때 왼쪽을 먼저 쓴다. 예를 들어, 자음 시옷 (ㅅ), 자음 지읒 (ㅈ), 자음 치읓 (ㅊ)이 적용된다. 넷째, 안과 바깥쪽이 있을 때는 바깥쪽을 먼저 쓴다. 자음 비읍(ㅂ)의 경우 바깥쪽 필획을 먼저 쓰고 안쪽 필획을 쓴다. 지금까지 설명한 것을 정리하면 다음 표와 같다.

〈표 3〉 한글 필순 규칙(최종윤, 2018)

구분	내용
①	위의 획부터 쓰고 아래 획을 쓴다.
②	왼쪽 획부터 쓰고 오른쪽 획을 쓴다.
③	가로획과 세로획이 교차될 때는 왼쪽에 쓰는 획이나 위쪽에 쓰는 획을 먼저 쓴다.
④	받침이 되는 획은 맨 마지막에 쓴다.
⑤	왼쪽 삐침(丿)과 오른쪽 파임(乀)이 있을 때 왼쪽을 먼저 쓴다.
⑥	안과 바깥쪽이 있을 때는 바깥쪽을 먼저 쓴다.

(1) 한글 자음자 쓰기 오류

〈표 4〉 자음자의 오류 개수

ㄱ	ㄲ	ㄴ	ㄷ	ㄸ	ㄹ	ㅁ	ㅂ	ㅃ	ㅅ
0	0	0	24	24	20	17	15	24	2
ㅆ	ㅇ	ㅈ	ㅉ	ㅊ	ㅋ	ㅌ	ㅍ	ㅎ	·
2	4	5	5	5	6	15	4	0	·

자음자 쓰기 오류는 자음자 디귿(ㄷ)과 자음자 쌍디귿(ㄸ), 자음자 쌍비읍(ㅃ)이 24개로 가장 많았고, 자음자 리을(ㄹ)이 20개, 자음자 미음(ㅁ)이 17개, 자음자 비읍(ㅂ)과 자음자 티읕(ㅌ)이 15개의 오류를 보였다. 자음자 키읔(ㅋ)은 6개, 자음자 지읒(ㅈ)과 자음자 치읓(ㅊ)은 5개, 자음자 이응(ㅇ)과 자음자 피읖(ㅍ)은 4개, 자음자 시옷(ㅅ)과 자음자 쌍시옷(ㅆ)은 2개의 오류를 보였다. 연구에 참여한 1학년 학생들이 가장 많이 틀린 자음자는 자음자 디귿(ㄷ)과 자음자 쌍디귿(ㄸ), 자음자 쌍비읍(ㅃ)이다. 자모 쓰기 필순 오류의 사례는 다음 그림과 같다.

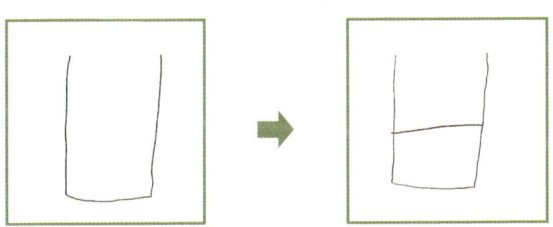

[그림 8] 사음자 'ㄴ' 필순의 오류

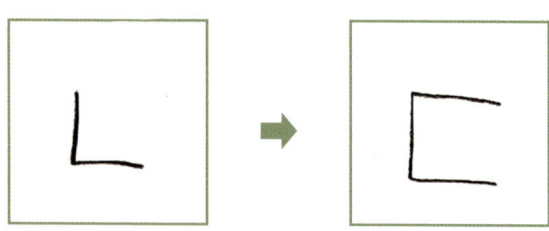

[그림 9] 자음자 'ㄷ' 필순의 오류

(2) 한글 모음자 쓰기 오류

〈표 5〉 모음자의 오류 개수

ㅏ	ㅔ	ㅓ	ㅐ	ㅗ	ㅚ	ㅜ	ㅟ	ㅡ	ㅣ	ㅑ
0	0	0	2	2	4	0	0	0	0	0

ㅐ	ㅕ	ㅖ	ㅘ	ㅙ	ㅛ	ㅝ	ㅞ	ㅠ	ㅢ	·
3	0	0	4	5	4	3	4	2	1	·

모음자 쓰기 오류는 모음자 왜(ㅙ)가 5개로 가장 많았고, 모음자 외(ㅚ), 모음자 와(ㅘ), 모음자 요(ㅛ), 모음자 웨(ㅞ)가 4개로 그 뒤를 이었다. 모음자 애(ㅐ)와 모음자 워(ㅝ)는 3개의 오류 개수를 보였고 모음자 애(ㅐ), 모음자 오(ㅗ), 모음자 유(ㅠ)는 2개였다. 모음자 의(ㅢ)는 1개의 오류가 측정되었다. 이 연구에서 참여한 학생은 모음자 왜(ㅙ)의 필순을 가장 많이 틀린 것으로 나타났다.

자음자와 모음자의 오류 양상을 사후 학생 면담을 통해 확인하였다. 오류 양상을 유형화해 보면, 먼저 필순의 방향성을 착각하여 오류를 범한 경우가 있었다. 예를 들어, 획의 방향이 위에서 아래로, 왼쪽에서 오른쪽으로 그어야 하는데 반대로 긋는 경우가 있었다. 다음으로 가로획과 세로획이 교차될 때는 왼쪽에 쓰는 획이나 위쪽에 쓰는 획을 먼저 써야 하는데 그 순서를 바꾸어 쓰는 오류 유형이 있었다. 그리고 받침이 되는 획은 맨 마지막에 써야 하는데 받침이 되는 획을 먼저 쓰고 위에 있는 획을 나중에 쓰는 오류도 있었다. 또 획과 획을 구분하지 않고 모두 한 획이나 두 획으로 이어서 쓰는 오류를 범하는 경우도 있었다. 다음은 모음 쓰기 오류 사례이다.

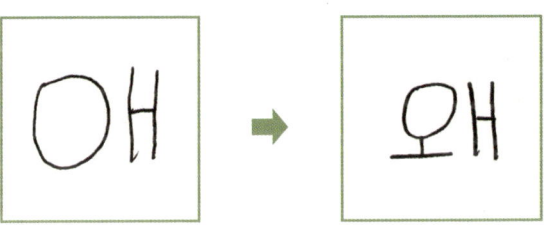

[그림 10] 모음자 '왜' 필순의 오류

[그림 11] 모음자 '요' 필순의 오류

2부

한글 문해 교육의 방향

7장 유치원과 초등학교의 한글 문해 교육, 어떻게 연계할까?
8장 한글 문해, 무엇을 가르칠까?
9장 한글 문해, 어떻게 가르칠까?
10장 한글 문해 교재는 어떻게 변화했을까?

7장 | 유치원과 초등학교의 **한글 문해 교육**, 어떻게 연계할까?

　한글 문해 교육의 국가 수준 교육과정 내용은 초등학교뿐만 아니라 만 5세 아동들이 적용받는 누리과정에서부터 이미 그 준비를 위한 학습 요소를 제시하고 있다. 연속적 발달 과정에 놓인 이 시기 아동의 특성을 고려할 때 유치원과 초등학교에서 이루어지는 한글 문해 교육의 연계는 중요한 문제이다. 초등 교사가 누리과정에 대한 이해가 부족하다면 학습자의 준비도를 제대로 점검하기 어렵다. 또, 유아를 교육하는 교사는 자신이 맡은 학생들이 추후 무엇을 배우게 될지 알아야 학교급 연계를 효율적으로 할 수 있다. 여기에서는 유치원과 초등학교의 한글 문해 교육을 비교해 보고, 이를 효과적으로 연계할 수 있는 방안에 대해 살펴보겠다.

1　유치원과 초등학교 한글 문해 교육 연계의 필요성

　학제가 나뉘는 유치원과 초등학교의 교육을 연계해야 한다는 논의는 꾸준히 제기되어 왔다. OECD 국가들의 유아 언어 교육과정을 비교한 김혜원(2015)에서도 언급한 것처럼, "한국의 경우 만 5세는 만 3~5세의 연령 범위에서 같은 공통 내용을 가지고 있는 반면, 다른 국가들은 만 5세(미국)부터 6세(영국), 10세(호주), 13세(뉴질랜드)까지 같은 공통 내용을 가지고 세부 내용만 확장"한다는 것은 시사하는 바가 크다.

김창복(2007)은 유·초등 연계 교육의 필요성에 대해 세 가지 측면을 언급했다. 유치원과 초등학교 저학년 어린이는 신체, 사회, 정서, 인지 발달의 제 측면에서 유사한 특성을 보인다는 점과 어린이가 교육 기관 간의 교육 방식 차이로 인하여 생활 적응을 어렵게 해서는 안 된다는 점, 계속성과 계열성을 유지하며 교육이 이루어져야 효율성을 높일 수 있다는 점을 들었다. 이처럼 유치원과 초등학교의 교육을 연계하는 문제는 비단 한글 문해 문제만의 관심이라고만 보기 어려울 정도이다.

이런 맥락에서 '초등학교로의 전이'를 유치원과 초등학교를 연결하는 징검다리(가교)를 확보하는 것으로 본 정광순, 박채형(2017)의 논의도 위와 같은 필요성에 힘을 실어 준다. 이 연구에서는 '유치원에서의 지나친 사전 학습 활동은 초등학교에서의 적응에 악영향을 미치기도' 하기 때문에 유치원과 초등학교 학습의 연계는 '사전 학습의 양상이 아니라 유치원과 초등학교를 연결하는 징검다리(가교)를 확보하는 것'이어야 함을 주장했다.

2 유치원과 초등학교의 교육과정 비교

취학 전 유아를 대상으로 하는 국가 수준 교육과정인 누리과정(2012)에는 총 5개 영역, 즉 '신체 운동·건강' 영역, '의사소통' 영역, '사회관계' 영역, '예술 경험' 영역, '자연 탐구' 영역이 있다. 이 중에서 한글 문해 교육과 밀접한 관련을 맺는 영역은 의사소통 영역이다. 반면 초·중·고등학교의 국어과 교육과정을 제시하고 있는 국어과 교육과정(2015)에서 초등학교의 한글 문해 교육을 살펴볼 수 있다. 초등학교의 국어과 교육과정은 듣기·말하기 영역, 읽기 영역, 쓰기 영역, 문법 영역, 문학 영역으로 구분된다. 누리과정의 영역은 초등학교의 과목에 해당하는 넓은 분류의 개념이지만, 초등학교 국어과 교육과정의 영역은 국어과 내 교육 내용을 분류하는 명칭이라는 점에서 차이를 보인다.

가. 목표

누리과정의 세부 목표는 4개인데, 각각 '말하기', '듣기', '읽기', '쓰기' 범주의 목표를 나타내고 있다. 이에 반해 초등학교 교육과정은 3개의 세부 목표가 각각 기능, 지식, 태도와 관련된 내용을 제시하고 있어 차이를 보인다.

누리과정 의사소통 영역의 목표 중 읽기, 쓰기 범주의 목표는 글자에 친숙해지고 관심을 가지는 정도로 제한하고 있어 본격적인 문해 학습을 포함하지 않음을 알 수 있다. 반면 국어과 교육과정 목표는 초등학교에서 고등학교까지 일원화된 목표를 제시하고 있어 해당 자료만으로는 한글 문해 관련 교육 내용의 수준과 범위를 정확히 파악하기는 어렵다.

누리과정 의사소통 영역의 목표

일상생활에 필요한 의사소통 능력과 바른 언어 사용 습관을 기른다.

1. 다른 사람의 말을 주의 깊게 듣는 태도와 이해하는 능력을 기른다.
2. 자신의 생각과 느낌을 말하는 능력을 기른다.
3. 글자와 책에 친숙해지는 경험을 통하여 글자 모양을 인식하고 읽기에 흥미를 가진다.
4. 말과 글의 관계를 알고 자신의 생각, 느낌, 경험을 글로 표현하는 데 관심을 가진다.

2015 개정 국어과 교육과정의 목표

국어로 이루어지는 이해·표현 활동 및 문법과 문학의 본질을 이해하고, 의사소통이 이루어지는 맥락의 다양한 요소를 고려하여 품위 있고 개성 있는 국어를 사용하며, 국어 문화를 향유하면서 국어의 발전과 국어 문화 창조에 이바지하는 능력과 태도를 기른다.

가. 다양한 유형의 담화, 글, 작품을 정확하고 비판적으로 이해하고 효과적이고 창의적으로 표현하며 소통하는 데 필요한 기능을 익힌다.
나. 듣기·말하기, 읽기, 쓰기 활동 및 문법 탐구와 문학 향유에 도움이 되는 기본 지식을 갖춘다.
다. 국어의 가치와 국어 능력의 중요성을 인식하고 주체적으로 국어 생활을 하는 태도를 기른다.

나. 내용

누리과정 의사소통 영역은 '듣기', '말하기', '읽기', '쓰기'의 네 가지 내용 범주로 나뉘는데, 각 범주는 서로 연속해서 일어나는 행동이거나 밀접히 연관된 내용이다. 5세 누리과정의 의사소통 영역 세부 내용은 다음과 같다.

〈표 1〉 5세 누리과정 의사소통 영역의 세부 내용

내용 범주	내용	세부 내용
듣기	낱말과 문장 듣고 이해하기	낱말의 발음에 관심을 가지고 비슷한 발음을 듣고 구별한다.
		다양한 낱말과 문장을 듣고 뜻을 이해한다.
	이야기 듣고 이해하기	다른 사람의 이야기를 듣고 이해한다.
		이야기를 듣고 궁금한 것에 대해 질문한다.
	동요, 동시, 동화 듣고 이해하기	동요, 동시, 동화를 다양한 방법으로 듣고 이해한다.
		전래 동요, 동시, 동화를 듣고 우리말의 재미를 느낀다.
	바른 태도로 듣기	다른 사람의 이야기를 끝까지 주의 깊게 듣는다.
말하기	낱말과 문장으로 말하기	정확한 발음으로 말한다.
		다양한 낱말을 사용하여 상황에 맞게 말한다.
		일상생활에서 일어나는 일들을 다양한 문장으로 말한다.

내용 범주	내용	세부 내용
말하기	느낌, 생각, 경험 말하기	자신의 느낌, 생각, 경험을 적절한 낱말과 문장으로 말한다.
		주제를 정하여 함께 이야기를 나눈다.
		이야기 지어 말하기를 즐긴다.
	상황에 맞게 바른 태도로 말하기	듣는 사람의 생각과 느낌을 고려하여 말한다.
		때와 장소, 대상에 알맞게 말한다.
		바르고 고운 말을 사용한다.
읽기	읽기에 흥미 가지기	주변에서 친숙한 글자를 찾아 읽어 본다.
		읽어 주는 글의 내용에 관심을 가지고 읽어 본다.
	책 읽기에 관심 가지기	책 보는 것을 즐기고 소중하게 다룬다.
		책의 그림을 단서로 내용을 이해한다.
		궁금한 것을 책에서 찾아본다.
쓰기	쓰기에 관심 가지기	말이나 생각을 글로 나타낼 수 있음을 안다.
		자신의 이름과 주변의 친숙한 글자를 써 본다.
		자신의 느낌, 생각, 경험을 글자와 비슷한 형태나 글자로 표현한다.
	쓰기 도구 사용하기	쓰기 도구의 바른 사용법을 알고 사용한다.

누리과정의 의사소통 영역의 각 범주별 내용은 앞서 살펴본 '목표'에 제시된 수준과 범위 안에서 교육 내용이 제시되고 있다. '읽기'는 주변에서 자주 만나게 되는 친숙한 글자를 찾아보고 자주 보았던 글의 내용에 관심을 가지며 책 읽기를 즐기도록 하는 데 중점을 둔다. '쓰기'는 자기 이름을 쓰는 데 관심을 보이고, 말이나 생각을 글로 나타낼 수 있음을 알아 글자와 비슷한 형태 등으로 표현해 보는 데 중점을 둔다. 또, '듣기'에서 '낱말의 발음에 관심을 가지고 비슷한 발음을 듣고 구별한다.'와 같은 내용은 청각적 식별에 관한 내용으로 한글 문해 능력과 직결되는 것이다.

누리과정과 달리 초등학교 교육과정은 5개의 영역으로 이루어져 있다. 누리과정의 범주에 해당되는 4개 언어 기능 외에 '문법', '문학' 영역이 추가로 제시되고 있는 셈이다. 초·중등학교 교육과정에서는 '내용' 부분에서 '학년군 성취 기준'과 영역별 '내용 성취 기준'을 제시하고 있는데, 한글 문해 교육과 관련이 깊은 1~2학년군의 학년군 성취 기준과 각 영역별 내용 성취 기준은 다음과 같다.

> **초등학교 국어과 1~2학년군 성취 기준**
> 취학 전의 국어 경험을 발전시켜 일상생활과 학습에 필요한 기초 문식성을 갖추고, 말과 글(또는 책)에 흥미를 가진다.

⟨표 2⟩ 초등학교 1~2학년군 영역별 내용 성취 기준

듣기·말하기 영역	[2국01-01] 상황에 어울리는 인사말을 주고받는다. [2국01-02] 일이 일어난 순서를 고려하며 듣고 말한다. [2국01-03] 자신의 감정을 표현하며 대화를 나눈다. [2국01-04] 듣는 이를 바라보며 바른 자세로 자신 있게 말한다. [2국01-05] 말하는 이와 말의 내용에 집중하며 듣는다. [2국01-06] 바르고 고운 말을 사용하여 말하는 태도를 지닌다.
읽기 영역	[2국02-01] 글자, 낱말, 문장을 소리 내어 읽는다. [2국02-02] 문장과 글을 알맞게 띄어 읽는다. [2국02-03] 글을 읽고 주요 내용을 확인한다. [2국02-04] 글을 읽고 인물의 처지와 마음을 짐작한다. [2국02-05] 읽기에 흥미를 가지고 즐겨 읽는 태도를 지닌다.
쓰기 영역	[2국03-01] 글자를 바르게 쓴다. [2국03-02] 자신의 생각을 문장으로 표현한다. [2국03-03] 주변의 사람이나 사물에 대해 짧은 글을 쓴다. [2국03-04] 인상 깊었던 일이나 겪은 일에 대한 생각이나 느낌을 쓴다. [2국03-05] 쓰기에 흥미를 가지고 즐겨 쓰는 태도를 지닌다.
문법 영역	[2국04-01] 한글 자모의 이름과 소릿값을 알고 정확하게 발음하고 쓴다. [2국04-02] 소리와 표기가 다를 수 있음을 알고 낱말을 바르게 읽고 쓴다. [2국04-03] 문장에 따라 알맞은 문장 부호를 사용한다. [2국04-04] 글자, 낱말, 문장을 관심 있게 살펴보고 흥미를 가진다.

문학 영역	[2국05-01] 느낌과 분위기를 살려 그림책, 시나 노래, 짧은 이야기를 들려주거나 듣는다. [2국05-02] 인물의 모습, 행동, 마음을 상상하며 그림책, 시나 노래, 이야기를 감상한다. [2국05-03] 여러 가지 말놀이를 통해 말의 재미를 느낀다. [2국05-04] 자신의 생각이나 겪은 일을 시나 노래, 이야기 등으로 표현한다. [2국05-05] 시나 노래, 이야기에 흥미를 가진다.

 초등학교 국어과 교육과정에서 한글 문해 교육과 직접적으로 관련있는 교육 내용은 주로 읽기, 쓰기, 문법 영역에 제시되어 있다. 대표적인 내용으로 읽기 영역의 "글자, 낱말, 문장을 소리 내어 읽는다."가 있고, 쓰기 영역의 "글자를 바르게 쓴다."가 있다. 또한 문법 영역의 "한글 자모의 이름과 소릿값을 알고 정확하게 발음하고 쓴다."와 "소리와 표기가 다를 수 있음을 알고 낱말을 바르게 읽고 쓴다."가 있다.

다. 방법

 유치원과 초등학교의 교육과정에서 교수·학습 방법과 관련된 사항은 제시되는 위치와 분량에서 차이를 보인다. 우선 누리과정은 총론의 'Ⅲ. 편성과 운영', '3. 교수·학습 방법'에 제시된다. 다만 이 지침은 총론 차원에서 전체 영역에 해당되는 것으로서 한글 문해 교육이나 의사소통 영역에 국한된 것은 아니다.

> **누리과정 총론에 제시된 '교수·학습 방법'**
>
> 가. 놀이를 중심으로 교수·학습 활동이 이루어지도록 한다.
> 나. 유아의 흥미를 중심으로 활동을 선택하고 지속할 수 있도록 한다.
> 다. 유아의 생활 속 경험을 소재로 하여 지식, 기능, 태도 및 가치를 습득하도록 한다.
> 라. 유아와 교사, 유아와 유아, 유아와 환경 간에 능동적인 상호 작용이 이루어지도록 한다.
> 마. 주제를 중심으로 여러 활동이 통합적으로 이루어지도록 한다.
> 바. 실내·실외 활동, 정적·동적 활동, 대·소집단 활동 및 개별 활동, 휴식 등이 균형 있게 이루어지도록 한다.
> 사. 유아의 관심과 흥미, 발달이나 환경 특성 등을 고려하여 개별 유아에게 적합한 방식으로 학습하도록 한다.

2015 개정 국어과 교육과정 '내용'의 '교수·학습 방법 및 유의 사항'을 살펴보면 각 성취 기준에 대한 내용을 좀 더 자세히 파악할 수 있다. 초등학교 1~2학년군 읽기, 쓰기 영역에서 한글 문해 교육과 관련이 있는 교수·학습 방법을 선택적으로 살펴보면 다음과 같다.

〈표 3〉 **초등학교 교육과정의 한글 문해 교육 관련 '교수·학습 방법 및 유의점'**

읽기 영역	① 학교 안내판, 학급 게시판, 광고지 등 주변에서 접할 수 있는 읽기 자료를 보고 학습자 스스로 읽기를 시도해 보도록 한다. 예컨대, 글자, 낱말, 문장을 소리 내어 읽기를 지도할 때에는 낱자의 형태, 소리, 이름 등을 읽기보다는 '자동차'의 '자'와 같이 학습자가 익숙한 낱말 속에서 글자의 형태와 소리를 익히도록 한다.

읽기 영역	⑤ 이 시기는 읽기에 흥미를 가질 뿐만 아니라 기본적인 읽기 능력을 갖추도록 하는 데 매우 중요한 시기이므로 글자, 낱말, 문장을 소리 내어 능숙하게 읽을 수 있도록 교과 시간 외에도 지속적으로 관심을 가지고 읽기를 독려한다.
쓰기 영역	① 가장 기본적인 글자, 낱말, 문장을 바르고 정확하게 쓰게 하는 데 주안점을 두되, 학습자가 생활 속에서 흔히 접하는 것을 중심으로 반복해서 학습하도록 한다. ② 글자 바르게 쓰기를 지도할 때에는 학습자의 발달 단계와 수준을 고려하여 기본적인 낱말과 문장을 제시하여 글씨 쓰기를 연습하도록 한다. 학습자의 수준을 넘는 낱말이나 문장을 제시하면 쓰기를 어려워할 수 있으므로 적절한 수준의 낱말이나 문장을 제시하여 쓰기에 흥미를 갖도록 지도한다. 특히 읽기 능력에 비해 쓰기 능력의 발달이 늦다는 점을 고려한다. ③ 받아쓰기는 글자를 정확하게 쓰는 데 도움이 될 수 있으나, 학습자가 부담을 갖게 되면 국어 활동에 자신감을 잃을 수도 있으므로 신중하게 활용한다. 너무 어려운 글자를 받아쓰게 하여 국어에 대한 흥미가 떨어지지 않도록 유의하며 요소 중심으로(예 : 된소리되기 현상이 나타나는 낱말) 지도한다. ④ 기초 한글 학습이 부족한 학습자를 위해서는 문자 학습에 흥미를 느낄 수 있도록 놀이 중심, 활동 중심으로 교수·학습을 진행한다. ⑦ 쓰기를 처음 시작하는 단계이므로 쓰기에 흥미와 자신감을 가지도록 격려하고, 최대한 활동 중심, 놀이 중심의 수업이 되도록 한다.

문법 영역	① 이 시기의 학습자는 기초 문식성을 습득하는 단계임을 감안하여, 받침이 없는 낱말이나 글자 수가 적은 낱말에서 시작하여 점차 그 범위를 확장해 나가도록 한다. ② 한글 자모의 이름과 소릿값을 알고 정확하게 발음하고 쓰는 교수·학습의 과정에서는 자음과 모음이 모여 글자를 만드는 방식을 쉽게 이해할 수 있도록 기본 음절표나 낱말 카드 등을 활용할 수 있다. ③ 소리와 표기의 관계에 대해 지도할 때에는 소리와 표기가 같은 낱말, 소리와 표기가 다른 낱말 두 가지 모두를 다루도록 하고, 교수·학습의 초기에는 발음이나 표기가 지나치게 어려운 낱말이나 글자 수가 지나치게 많은 낱말을 피하도록 한다.

라. 평가

평가에 관한 지침도 누리과정과 초등학교 국어과 교육과정에서 제시하고 있는 방식 간에 차이가 있다. '교수·학습 방법'과 마찬가지로 '평가' 또한 누리과정에서는 총론에서 교육 전체에 적용되는 지침의 형태로 제시되어 있다. 그 내용은 운영 및 학습자의 평가에 관한 사항들이다. 학습자를 평가하는 사항은 주로 평가 목표, 내용, 방법, 활용 등을 안내하고 있다. 이 또한 매우 일반적인 평가에 관한 사항이라서 한글 문해 교육과 관련된 특별한 평가 지침을 찾아보기는 어렵다.

> **누리과정 총론에 제시된 '유아 평가'**
>
> (1) 누리과정 목표와 내용에 근거하여 유아의 특성과 변화 정도를 평가한다.
> (2) 유아의 지식, 기능, 태도를 포함하여 평가한다.
> (3) 유아의 일상생활과 누리과정 활동 전반에 걸쳐 평가한다.
> (4) 관찰, 활동 결과물 분석, 부모 면담 등 다양한 방법을 사용하여 종합적으로 평가하고, 그 결과를 기록한다.
> (5) 유아 평가 결과는 유아에 대한 이해와 누리과정 운영 개선 및 부모 면담 자료로 활용할 수 있다.

초등학교 국어과 교육과정에서는 '평가 방법 및 유의 사항'을 각 학년군마다 영역별 성취 기준 뒤에 제시하고 있다. 1~2학년군 읽기, 쓰기, 문법 영역에 제시된 평가 지침 중 한글 문해 교육과 관련된 사항은 다음과 같다.

〈표 4〉 초등학교 교육과정의 한글 문해 교육 관련 '평가 방법 및 유의 사항'

읽기 영역	① 글자, 낱말, 문장 소리 내어 읽기와 알맞게 띄어 읽기는 교실 수업 상황에서 돌아가며 읽기 등의 수행 과정에서 평가할 수 있다. 또한 친구들끼리 서로 평가하도록 할 수도 있는데, 이 과정에서 자신의 읽기를 자연스럽게 점검해 볼 수 있게 한다. ② 글자, 낱말, 문장 소리 내어 읽기를 평가할 때에는 음운 변동이 없는 낱말이나 문장을 주로 평가하되, 음운 변동을 다루더라도 연음 현상이나 경음화(된소리되기) 위주로 다룬다.

쓰기 영역	① 평가를 위한 별도의 시간을 마련하거나 활동을 계획하기보다는 수업 및 학교생활에서 학습자의 수행과 태도의 변화 과정을 누적 기록하여 평가한다. 평소 자신이 쓴 쓰기 결과물을 정리해 두도록 하여 이를 평가하는 방법을 적극적으로 활용한다.
문법 영역	① 한글 자모의 이름과 소릿값을 알고 정확하게 발음하고 쓰는 것과 같은 기초 문식성 관련 평가는 듣기·말하기, 읽기, 쓰기와 관련된 기초적인 의사소통 능력을 배양하기 위한 학습 과정 전반에 대한 평가의 일부가 되도록 통합적으로 평가한다. ② 낱말을 바르게 읽고 쓰기와 관련된 평가는 읽기 영역과 쓰기 영역을 통합하여 할 수 있다. ③ 글자, 낱말, 문장에 대한 흥미와 관심에 대한 평가는 교사에 의한 관찰, 자기 평가와 동료 평가, 상황 학습이나 놀이 학습 등의 방법을 활용할 수 있다.

위 표에 제시된 내용을 살펴보면, 한글 문해 학습에서도 교사 평가뿐만 아니라 상호 평가를 권장하고 있음을 알 수 있다. 또, 읽기 영역의 평가 지침에서 알 수 있듯이 해당 학년군에서 평가해야 할 수준과 범위를 제시한 경우도 있다. 문법 영역에서는 한글 문해 관련 내용을 통합적으로 평가할 것을 강조하고 있다.

3 유치원과 초등학교의 한글 문해 교육 연계 방향

가. 교육 주체 간 협력 강화: 학생, 학부모, 교사를 위한 한글 문해 교육

두 교육과정을 연계한 한글 문해 교육의 효율화를 위해서는 관련 주체들끼리의 긴밀한 협력이 절실하다. 한글 문해 교육의 핵심 주체는 학생, 교사, 학부모라고 볼 수 있다. 특히 취학 전 학습자에게 학부모가 미치는 영향은 지배적이다. 학부모들은 학습자의 한글 문해에 대한 책임을 스스로 높게 인식하고 있다. 많은 가정에서 만 4세 이전에 읽기, 쓰기 지도를 시작하는 경향이 있다. 문제는 이런 분위기가 확산됨으로써 학습자의 한글 문해에 대한 부담이 가중될 수 있고, 과도한 사교육을 조장할 수 있는 우려가 있다는 것이다.

한글 문해를 담당하는 초등학교 교사에게도 마찬가지의 갈등과 혼란이 존재한다. 박나현(2014)은 초등 교사들이 1학년 국어 수업 중에서 한글 단원 지도에 가장 어려움을 느낀다고 밝혔다.

만 5~6세 아동들은 유치원이나 초등학교와 같은 교육 기관에서 교사뿐만 아니라 학부모, 경우에 따라서는 사교육 담당자가 시행하는 한글 문해 교육에 많은 영향을 받는다. 그 시기 동안 동시적으로 영향을 미칠 다양한 요인과 학교급의 변화라는 적응의 문제를 고려해 볼 때 학습자가 한글 문해 교육에 대해 느낄 수 있는 부담이나 혼란에 대해서도 관심을 가질 필요가 있다. 지금까지 이 장에서 살펴본 문제점이 고스란히 학습자에게 전해질 수 있기 때문이다.

이러한 문제를 해결하기 위해서는 유치원 교사와 초등학교 교사, 교사와 학부모의 긴밀한 협조와 서로를 이해할 수 있는 소통의 장을 마련해야 한다. 이와 관련하여 박순경 외(2015)는 '유치원과 초등학교 간에 긴밀한 협력 체계 구축이 시급함'을 언급한 바 있다. 특히 유치원 교사와 초등학교 교사를 대상으로 지속적인 교육과 워크숍을 제공해야 한다고 제안했다. 한글 문해 교육은 학부모의 긴밀한 협조도 필요하므로 유치원이나 초등학교 자녀를 둔 학부모 또한 이 소통의 장에 함께할 필요가 있다.

나. 연구 환경의 개선

교육과정뿐만 아니라 한글 문해를 위한 교재나 지도 자료를 개발할 때에 관련 연구자들이 함께 참여, 검토할 수 있는 환경이 제공되어야 한다. 그뿐만 아니라 유치원이나 초등학교에서의 한글 문해 교육과 관련한 연구도 유아 교육 전문가와 초등 국어 교육 전문가가 공동으로 참여할 필요가 있다. 공동 연구의 확산은 학계 전반에 영향을 미칠 수 있으므로 효과적인 연계 방안에 대한 활발한 연구를 기대해 볼 수 있다. 이와 관련하여 이경화(2017)는 '한글 문해 전문가 학습 공동체를 지원하고 한글 문해 전문가를 양성'할 것을 제안한 바 있다.

다. 정보 제공을 위한 평가 체제 구축

자녀의 한글 해득 수준에 대한 객관적인 평가를 내릴 만한 자료가 부족한 실정은 학부모가 불안감을 느끼게 되는 원인이다. 이를 해결하기 위해서는 학습자가 한글 문해 교육을 받는 시기, 즉 누리과정과 초등학교 교육과정에서 일정한 시기별로 한글 문해 능력을 진단하고 점검할 수 있는 평가 도구가 마련되고 실행되어야 한다. 박은혜·박신영(2014)은 유아에게 적합한 수준을 가지고 체계적으로 교육하기 위해 학부모가 참고할 수 있도록 읽기과 쓰기 발달에 대한 구체적인 규준 제공이 필요하다고 하였다.

이경화(2017)는 '한글 해득 진단 검사를 초등 1학년 1학기 말(7월경)에 교육부와 시·도 교육청에서 일괄 시행하여 학습자의 수준을 파악'하고, '진단 결과 한글 미해득의 경우에 부진 영역을 파악하여 여름 방학 때 다양한 중재 프로그램을 운영하여 한글 해득 부진을 교정할 필요가 있음'을 밝혔다. 이에 더하여 유치원 졸업/초등학교 취학 직전에 한글 준비도 검사를 실시하여 학습자의 능력에 대한 정보를 제공한다면 유치원과 초등학교 한글 문해 교육이 효과적으로 연계될 수 있을 것이다.

8장 | 한글 문해, 무엇을 가르칠까?

　한글 해득은 문자를 시각적 자극을 통해 받아들이고, 일련의 정신 과정을 거쳐 낱말을 읽고 쓸 수 있으며 그 낱말의 의미를 아는 것을 말한다. 이러한 한글 해득 능력을 갖추기 위해서는 무엇을 가르쳐야 할 것인가?

　이 책의 4장에서는 한글 해득 과정에서 일어나는 학습자의 심리적 처리 과정을 한글 해득 모형을 통해 살펴보았다. 한글 해득 모형에 따르면, 학습자는 한글 해득 과정에서 발달 단계에 따라 직접 경로 혹은 간접 경로를 선택적으로 사용하거나 직접 경로와 간접 경로 두 가지를 모두 사용하기도 한다. 한글 문해의 교육 내용은 한글 해득 모형을 바탕으로 도출할 수 있다.

　한글 해득 과정에 작용하는 요인은 매우 다양하다. 한글 해득 모형과 이에 작용하는 요인의 관계를 제시하면 [그림 1]과 같다.

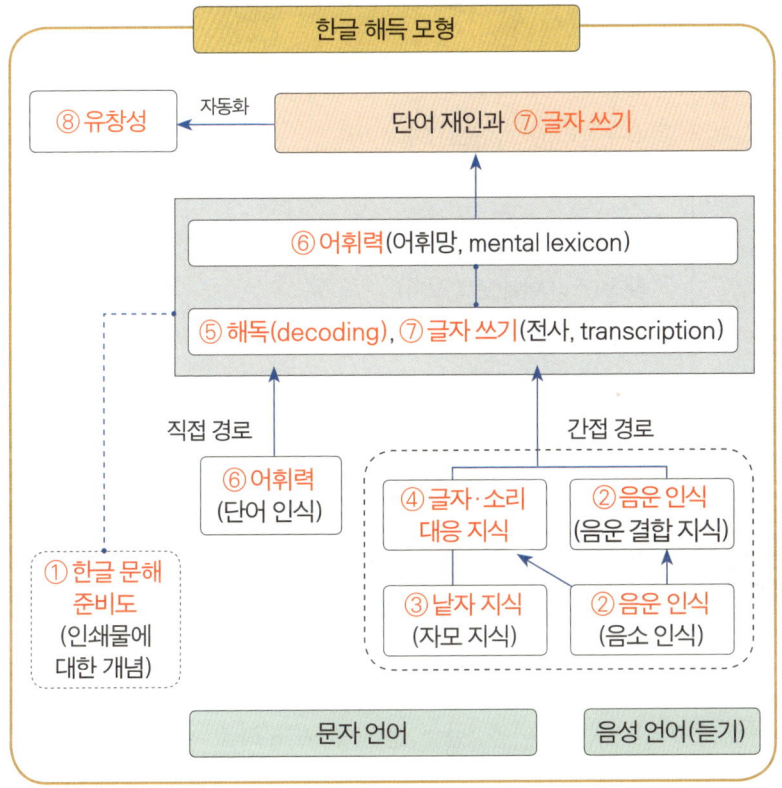

[그림 1] 한글 해득 과정에 작용하는 요인

한글 해득 능력에는 [그림 1]에 제시된 다양한 요인들이 작용하는데, 이러한 다양한 요인을 한글 문해 교육 내용으로 선정할 수 있다. 한글 해득 과정에 작용하는 요인은 여덟 가지, 즉 한글 문해 준비도, 음운 인식, 낱자 지식, 글자·소리 대응 지식, 해독, 어휘력, 글자 쓰기, 유창성이다. 이 장에서는 한글 문해 교육 내용의 개념, 학습 요소, 활동의 예를 살펴보겠다.

> **한글 문해 교육 내용**
> ① 한글 문해 준비도
> ② 음운 인식(소리 듣고 구별하기)
> ③ 낱자 지식
> ④ 글자·소리 대응 지식
> ⑤ 해독(소리 내어 낱말 읽기)
> ⑥ 어휘력
> ⑦ 글자 쓰기
> ⑧ 유창성(유창하게 읽기)

1 한글 문해 준비도

　읽기와 쓰기를 하기 전에 학습자가 필수적으로 도달해야 하는 몇 가지 측면이 있는데 이를 '한글 문해 준비도'라고 한다. [그림 1]의 '인쇄물에 대한 개념 인식'이 바로 한글 문해 준비도에 해당한다. 이것은 한글 해득 과정에서 직접 경로와 간접 경로에 모두 영향을 주는 요인이다. 한글 문해 준비도에는 단어를 인식하고 낱자를 익히는 데 기초가 되는 시지각 식별과 책의 구성 요소 인식 등이 포함된다.

　시지각 식별은 시각 변별, 눈과 손의 협응, 도형의 형태 변별, 공간 관계 등 시지각적 자극에 대하여 구별되는 자질을 인식하는 것이다. 학습자는 도형과 글자의 구분, 형태 변별을 할 수 있는 능력을 갖추어야 한다. 시지각 변별은 단순히 눈으로 정확하게 보는 능력만이 아니라 두뇌 작용에서 일어나는 시각적 자극의 해석 능력까지를 포함한다.

    책의 구성 요소 인식은 책의 앞면과 뒷면 구분, 책 제목 및 역할 이해, 책 본문을 읽는 방향과 순서에 대한 것이다(Rasinski, 2013). 독자는 책의 앞뒷면을 구분하고, 책을 왼쪽 페이지에서 오른쪽 페이지로 넘기고, 책의 한쪽 면에서 윗줄과 아랫줄을 인식해야 한다. 그리고 책 제목을 찾고, 책 제목의 역할을 알아야 하며, 책과 그림을 구분해야 한다.

한글 문해 준비도 학습 요소

- 도형의 위치 및 형태 변별
- 글자 형태 변별
- 책의 앞뒷면 구분하기
- 책 제목 및 역할 알기
- 읽기 방향 인식

활동의 예

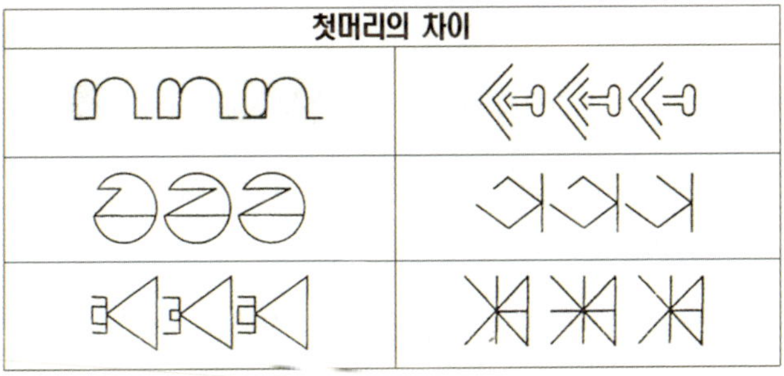

[그림 2] 도형의 첫머리의 차이 알기(김정권, 1992)

🔊 책 표지를 보고 책 제목을 손가락으로 짚어 보세요.

[그림 3] 책의 구성 요소 중 책 제목 찾기

2 음운 인식(소리 듣고 구별하기)

음운 인식은 소리를 정확하게 듣고 구별하고 결합하는 능력을 말한다. 한글 해득 능력을 갖추려면 낱말을 이루는 낱자의 소리를 식별할 수 있고, 또 그런 소리들이 결합되어 낱말이 된다는 사실을 알며, 말소리의 최소 단위인 음소를 변화시킬 수 있어야 한다. [그림 1]의 '음소 인식'과 '음운 결합 지식'이 바로 음운 인식에 해당된다. 이러한 음운 인식 능력은 초기 읽기의 성공과 밀접한 관련이 있다.

크라우더(Crowder, 1982)는 영어 학습자의 음운 인식이 초등학교 1학년 무렵에 생긴다고 하였다. 윤혜경(1997)은 우리나라 아동의 음운 인식 발달이 영어 학습자의 음운 인식 시기보다 약간 빠르다고 하였다. 음절 인식은 약 4세에 시작되고, 음소 인식은 약 7세에 획득한다고 하였다.

> **음운 인식(소리 듣고 구별하기) 학습 요소**
>
> - 음운 인식 과제
>   - 단어 수준: 탈락(첫 단어, 끝 단어), 합성, 변별 등
>   - 음절 수준: 음절 수 세기, 합성, 변별, 탈락, 대치 등
>   - 음소 수준: 음소 수 세기, 합성, 변별, 탈락, 첨가 등
> - 음운 단기 기억하기: 물건, 색깔 이름, 자모음 이름 등 빨리 말하기
> - 음운 따라 하기: 일련의 수, 단어 등을 따라 말하기

활동의 예

음절 수준

• 나무, 나비, 가위 중에서 첫소리가 다른 하나는 무엇인가요?	변별
• 꽃병에서 '병' 소리를 빼면 어떤 소리가 남을까요?	탈락
• 연 소리에 '필' 소리를 합하면 무슨 소리가 될까요?	합성
• 사과에서 '과'를 '자'로 바꾸면 무슨 소리가 될까요?	대치

음소 수준

• 눈, 공, 길 중에서 처음 나는 첫소리가 다른 하나는 무엇인가요?	변별
• 무에서 '므(ㅁ)' 소리를 빼면 어떤 소리가 남을까요?	탈락
• 소에서 'ㅅ(ㅅ)' 소리를 '크(ㅋ)' 소리로 바꾸면 무슨 소리가 될까요?	대치

3 낱자 지식

낱자란 단어의 각 소리를 듣고 쓸 수 있는 음성 표기이다. 낱자 지식이란 자모음 낱자의 모양을 변별하고, 자모음 이름을 아는 것을 의미한다. [그림 1]의 '자모 지식'이 바로 낱자 지식에 해당된다.

낱자 지식은 아동의 읽기 성공 여부를 예측하는 변인 중 강력한 변인으로 인식된다(O'conner & Jenkins, 1999). 아동이 글자 이름을 알고 있는 경우에 글자 이름을 모르고 있는 경우보다 글자의 소리를 더 잘 습득한다(Ehri, 1983). 그 이유는 대부분의 자모음자 이름은 낱자의 소리를 나타내는 음소를 포함하고 있기 때문에 낱자의 이름을 아는 것은 낱자 소리를 학습하는 데 도움이 되기 때문이다. 가령, 'ㄱ'의 이름은 '기역'인데 이 자음자의 소리인 [그]를 [기역]에서 유추할 수 있다. 글자의 이름과 소리를 정확하게 인식하면 글자와 소리의 대응이 보다 효율적으로 이루어지고, 글자 쓰기에서도 단어의 각 소리를 듣고 낱자로 나타낼 수 있게 된다.

> **낱자 지식 학습 요소**
> - 자음자, 모음자 모양 알기
> - 자음자, 모음자 이름 알기
> - 자음자 이름과 순서 알기
> - 모음자 이름과 순서 알기

> 활동의 예

[그림 4] 초등 1-1 『국어』 교과서(자음자 모양 알기)

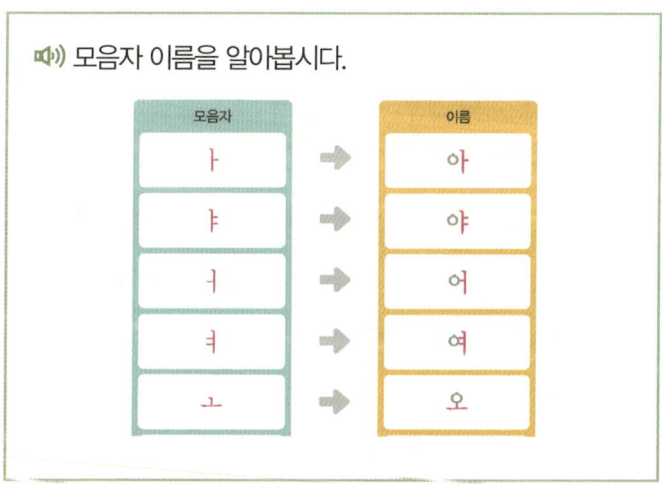

[그림 5] 초등 1-1 『국어』 교과서(모음자 이름 알기)

4　글자·소리 대응 지식

　단어 해독의 선행 요건은 바로 글자·소리 대응 지식에 대한 이해이다. 읽기와 쓰기는 각 낱자들을 알고 쓸 수 있다는 것만으로는 충분하지 않고, 낱자와 말소리들을 연결시킬 수 있어야 한다. 낱자와 말소리의 연결은 일정한 규칙을 따르는데, 이것을 글자·소리 대응 지식이라고 한다. [그림 1]의 '글자·소리 대응 지식'이 바로 이에 해당된다.

　글자·소리 대응 지식은 흔히 파닉스(phonics)라 하는데, 이것은 글자와 소리와의 규칙적 관계 등에 관한 지식을 말한다. 이러한 대응 규칙을 학습하면 글자·소리 대응이 일치하는 낱말이나 소리·글자 대응이 일치하는 낱말을 읽고 쓸 수 있게 된다. 또 모르는 단어가 나와도 당황하지 않고 발음을 시도해서 글을 읽고, 쓸 수 있게 된다. 읽기의 경우, 글자·소리 대응 지식을 활용하여 '해독(decoding)'이 가능하게 된다. 또한 쓰기의 경우, 소리·글자 대응 지식을 활용하여 '전사(transcription)'가 가능하게 된다. 그러나 글자·소리 대응이 일치하지 않는 낱말, 소리·글자 대응이 일치하지 않는 낱말과 같이 음운 변동이 있는 경우에는 글자·소리 대응 지식, 즉 파닉스만으로는 한계가 있다. 글자·소리 대응 지식 학습 요소 중 글자의 짜임은 글자의 짜임에 따른 소리의 변화를 학습하는 것이다. 글자의 짜임에는 모음, 자음+모음, 모음+자음, 자음+모음+자음의 네 가지 유형이 있는데, 각 유형별로 글자·소리 대응을 연습할 필요가 있다.

8장. 한글 문해, 무엇을 가르칠까? 103

글자·소리 대응 지식 학습 요소

- 자음자에 대응하는 소릿값 알기[6]
- 모음자에 대응하는 소릿값 알기
- 말소리와 낱자 연결하기(소리·글자 대응 지식)
- 낱자와 말소리 연결하기(글자·소리 대응 지식)
- 글자의 짜임

활동의 예

[그림 6] 초등 1-1 『국어』 교과서(자음자에 대응하는 소릿값 알기)

6] 이경화(2017)의 보고서에는 '자음자에 대응하는 소릿값 알기', '모음자에 대응하는 소릿값 알기' 학습 요소가 '철자 지식(낱자 지식)' 교육 내용에 포함되었으나, 여기에서는 두 학습 요소를 '글자·소리 대응 지식' 교육 내용에 포함하였다. 두 학습 요소는 글자와 소릿값의 대응을 아는 것에 초점이 있다고 보고 '글자와 소리의 대응 지식' 교육 내용에 포함하였다.

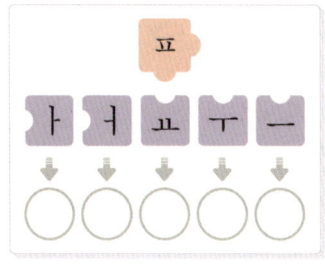

[그림 7] 초등 1-1 『국어』 교과서
(글자·소리 대응 지식)

[그림 8] 초등 1-1 『국어』 교과서
(글자의 짜임)

5 해독(소리 내어 낱말 읽기)

해독(decoding)은 인쇄된 글자를 말소리로 전환시킬 수 있는 능력이다. 한글 문해에서 해독의 발달은 무엇보다 중요하다. 읽기에서 해독을 한다는 것을 글자·소리 대응 지식을 활용하여 낱말을 소리 내어 읽을 수 있다는 것이다. [그림 1]의 '해독'이 이에 해당된다. 한글 해득에서 해독해야 하는 낱말의 범위는 주로 소리와 글자가 일치하는 낱말이다. 그리고 소리와 글자가 일치하지 않는 낱말이라도 기초 어휘에 해당되는 낱말이라면 소리 내어 읽을 수 있어야 한다. 한글 문해를 위한 기초 어휘 목록은 14장에 제시하였다.

인쇄된 글자를 해독하기 위해서는 충분한 시간의 소리 듣기가 선행되어야 하며 소리를 구별하고 조작하는 연습이 필요하다. 이러한 연습이 충분한 아이들은 모르는 단어를 읽을 때 글자·소리 대응 지식을 이용하여 소리 내어 읽게 된다. 만약 낱말을 소리 내어 읽는 해독이 정확하지 않고 해독의 기초인 음운 인식에도 어려움을 겪는다면 난독증을 의심해 볼 필요가 있다.

> **해독(소리 내어 낱말 읽기) 학습 요소**
> - 의미 단어 소리 내어 읽기
>   – 글자: 소리 일치 낱말 소리 내어 읽기
>   – 글자: 소리 불일치 낱말 소리 내어 읽기
> - 무의미 단어 소리 내어 읽기

활동의 예

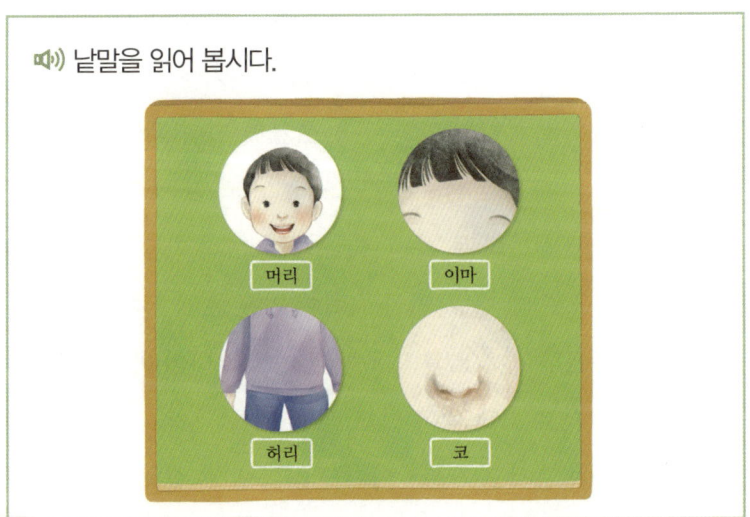

[그림 9] 초등 1-1 『국어』 교과서(의미 단어 소리 내어 읽기)

6 어휘력

한글 해득은 글자를 발음하고 단어의 의미를 파악하고 쓸 수 있는 능력으로, 단어 재인과 글자 쓰기를 의미한다. 단어 재인과 글자 쓰기를 위해 필수적인 것이 바로 '어휘력'이다. 단어 재인은 글자를 발음하고 그 단어의 의미를 파악하는 것이고(Harris & Hodge, 1995), 글자 쓰기는 단어의 의미를 알고 쓰는 것이다. [그림 1]의 '단어 인식', '어휘망'이 이에 해당된다.

아동의 구어 어휘력은 단어 재인과 독해력에 영향을 준다(Stanovich, 1980). 한 단어의 의미를 이해하기 위해서 학습자는 문자 기호를 지각하고 그것이 무엇인지를 마음속에 등록된 단어와 연결시켜야 한다. 이를 어휘망(mental lexicon)이라고 한다. 어휘망이 풍부한 초기 독자는 다양한 낱말의 뜻을 이해할 수 있다. 어휘망이 부족하면 단어 재인에 실패하기 쉽다. 가령, 독자가 비록 해독은 하였어도 어휘망이 부족하여 낱말의 뜻을 모르면 단어 재인을 하지 못한다.

어휘력은 한글 해득의 두 가지 경로(직접 경로와 간접 경로)에 모두 결정적인 영향을 준다. 음운 인식 능력이 낮은 초기 독자는 한글 해득 과정에서 주로 직접 경로를 사용한다. 이들은 단어 카드를 활용하여 낱말을 통글자로 소리 내어 읽고, 그 소리를 가지고 자신의 어휘망으로 연결하여 그것으로부터 의미를 찾아낸다. 실제 3~4세 유아들은 음운 인식 능력이 낮기 때문에 이들에게 그림과 함께 몇 가지 낱말을 들려주면 유아는 낱말 속의 소리에 주의를 기울이는 것이 아니라 전체적으로 그 낱말이 지닌 의미에 관심을 가지는 경향이 있다. 또, 음운 인식 능력이 있는 초기 독자는 한글 해득 과정에서 주로 간접 경로를 사용한다. 이들은 음운 결합 지식, 글자·소리 대응 지식 등의 음운 부호 처리 과정을 통해 해독하고, 이것을 자신의 어휘망으로 연결하여 낱말의 의미를 파악한다.

> **어휘력 학습 요소**
> - 한글 해득을 위한 기초 어휘
> - 개별 낱말의 의미
> - 낱말들 사이의 관계(반의어, 유의어, 상하위어)

활동의 예

[그림 10] 그림 보고 낱말 찾기

[그림 11] 낱말에 해당되는 그림 찾기

7 글자 쓰기

　글자 쓰기는 언어의 음성을 문자로 기록하고, 낱말의 의미를 알고 쓸 수 있는 능력으로, 전사(transcription)와 글자 쓰기(의미)를 의미한다. 전사는 언어의 음성을 문자로 기록하는 것으로 덮어 쓰기, 따라 쓰기, 옮겨 쓰기(베껴 쓰기), 듣고 받아쓰기 등을 말한다. 그리고 글자 쓰기(의미)는 자신이 쓰는 낱말의 의미를 알고 글자를 쓰는 것을 말한다. [그림 1]의 '전사', '글자 쓰기(의미)'가 이에 해당된다.

　초기 쓰기의 경우, 낱자 지식, 글자 표기 지식, 음운 인식, 형태 인식, 어휘력 등 다양한 요인이 쓰기 능력을 설명한다고 밝혀져 왔다

(Kim 외, 2014). 아동은 처음에는 낱자 지식, 글자 표기 지식, 음운 인식, 소리·글자 대응 지식 등을 활용하여 '전사'를 할 수 있게 된다 (Berninger 외, 2006). 그리고 점차 낱말의 의미에 초점을 두는 글자 쓰기(의미)에 도달할 수 있게 된다.

한글 해득에서 글자 쓰기 대상 낱말은 소리·글자가 일치하는 낱말이다. 그리고 소리·글자가 불일치하는 낱말이라도 기초 어휘에 해당하는 낱말이라면 글자로 쓸 수 있어야 한다. 우리나라 아동의 쓰기 발달 단계를 보면, 글자 쓰기에서 음소와 자소가 대응을 이루는 단어들을 먼저 습득하며 그 이후 연음 법칙, 대표음화, 경음화, 자음 동화 등의 음운 규칙이 포함된 단어들을 습득한다고 한다. 이 중에서 연음 규칙이 다른 음운 규칙보다 더 먼저 발달하므로 음운 변동 낱말 쓰기에서 연음 규칙을 먼저 지도하여야 한다(양민화, 2006).

글자 쓰기 학습 요소

- 낱자 획순에 맞게 쓰기
- 글자 표기 지식(글자 구조 지식)
  (가형, 고형, 귀형, 강형, 공형, 권형)
- 전사하기: 낱자 쓰기, 낱말 쓰기
  (덮어 쓰기, 따라 쓰기, 옮겨 쓰기)
- 낱말 듣고 받아쓰기
- 소리·글자 일치 낱말 쓰기
- 소리·글자 불일치 낱말 쓰기

> 활동의 예

[그림 12] 초등 1-1 『국어』 교과서(글자 표기 지식)

8 유창성(유창하게 읽기)

　　읽기 유창성이란 낱말, 문장이나 문단을 빠르고 정확하게 적절한 억양으로 표현력을 살려 소리 내어 읽는 능력을 말한다(Rasinski & Padak, 2013). [그림 1]의 '유창성'이 이에 해당된다.

　　능숙한 독자는 글을 읽을 때 힘을 들이지 않고 쉽고 빠르고 정확하게 단어의 의미를 이해한다. 읽기가 자동화되었기 때문이다. 능숙한 읽기는 읽기 정확성만으로 되는 것은 아니다. 읽기 속도가 중요하다. 아무리 정확하게 단어를 읽는다 해도 읽는 속도가 지나치게 느리면 문제가 된다. 그래서 유창성 평가에서는 글자를 얼마나 빨리 읽을 수 있는지, 1분 동안 몇 단어나 틀리지 않고 읽을 수 있는지, 리듬을 살려 읽을 수 있는지를 평가한다. 읽기 유창성을 향상시키기 위해서는 다양한 단어와 장르의 글을 반복해서 읽기, 교사나 다른 아동의 유창한 읽기 시범 보이기, 틀린 낱말 고쳐 주기, 의미 단위 띄어 읽기 등의 활동을 할 수 있다.

> **유창성(유창하게 읽기) 학습 요소**
> - 낱말 유창하게 읽기
> - 문장 유창하게 읽기

이 장에서 살펴본 한글 문해 교육 내용과 학습 요소를 종합하면 〈표 1〉과 같다.

〈표 1〉 한글 문해 교육 내용과 학습 요소

교육 내용	학습 요소
① 한글 문해 준비도	• 도형의 위치 및 형태 변별 • 글자 형태 변별 • 책의 앞뒷면 구분하기 • 책 제목 및 역할 알기 • 읽기 방향 인식

교육 내용	학습 요소

② 음운 인식
(소리 듣고
구별하기)
	• 음운 인식 과제
	  – 단어 수준: 탈락(첫 단어, 끝 단어), 합성, 변별 등
	  – 음절 수준: 음절 수 세기, 합성, 변별, 탈락, 대치 등
	  – 음소 수준: 음소 수 세기, 합성, 변별, 탈락, 첨가 등
	• 음운 단기 기억하기: 물건, 색깔 이름, 자모음 이름 등 빨리 말하기
	• 음운 따라 하기: 일련의 수, 단어 등을 따라 말하기

③ 낱자 지식	• 자음자, 모음자 모양 알기 • 자음자, 모음자 이름 알기 • 자음자 이름과 순서 알기 • 모음자 이름과 순서 알기
④ 글자·소리 대응 지식	• 자음자에 대응하는 소릿값 알기 • 모음자에 대응하는 소릿값 알기 • 말소리와 낱자 연결하기(소리·글자 대응 지식) • 낱자와 말소리 연결하기(글자·소리 대응 지식) • 글자의 짜임 (모음, 자음+모음, 모음+자음, 자음+모음+자음)

⑤ 해독
(소리 내어
낱말 읽기)
	• 의미 단어 소리 내어 읽기
	  – 글자: 소리 일치 낱말 소리 내어 읽기
	  – 글자: 소리 불일치 낱말 소리 내어 읽기
	• 무의미 단어 소리 내어 읽기

⑥ 어휘력	• 한글 해득을 위한 기초 어휘 • 개별 낱말의 의미 • 낱말들 사이의 관계 (반의어, 유의어, 상하위어)

교육 내용	학습 요소

⑦ 글자 쓰기	• 낱자 획순에 맞게 쓰기
	• 글자 표기 지식(글자 구조 지식)
	  (가형, 고형, 귀형, 강형, 공형, 권형)
	• 전사하기: 낱자 쓰기, 낱말 쓰기
	  (덮어 쓰기, 따라 쓰기, 옮겨 쓰기)
	• 낱말 듣고 받아쓰기
	• 소리·글자 일치 낱말 쓰기
	• 소리·글자 불일치 낱말 쓰기

⑧ 유창성 (유창하게 읽기)	• 낱말 유창하게 읽기 • 문장 유창하게 읽기

9장 | 한글 문해, 어떻게 가르칠까?

　한글 문해 교육의 방법은 읽기와 쓰기를 보는 관점, 지도의 강조점을 어디에 두느냐에 따라 달라진다. 읽기와 쓰기의 과정을 분절적으로 보느냐, 통합적으로 보느냐 또는 문자 지도의 우선순위와 초점을 정확성에 두느냐, 능동적인 의미 구성에 두느냐에 따라 전통적인 문해 교육 방법은 발음 중심 접근법과 의미 중심 접근법으로 대별된다. 두 가지 방법은 읽기와 쓰기에 대한 관점에서부터 학습자에 대한 관점, 지도의 강조점 등이 모두 대조되며 각각의 장단점을 지닌다. 최근에 두 가지 방법의 단점을 보완하고 장점을 취하기 위하여 등장한 것이 균형적 접근법이다.

　이 장에서는 발음 중심 접근법과 의미 중심 접근법의 특성과 지도법을 살펴보고 장단점을 비교한다. 그리고 두 가지 방법을 균형 있게 반영하여 지도해야 한다는 균형적 접근법을 소개하고 이에 대한 구체적인 실천 방법에 대하여 알아보겠다.

1 발음 중심 접근법

발음 중심 접근법은 읽기와 쓰기 과정이 언어의 하위 수준에서 시작하여 상위 수준으로 나아간다고 보는 상향식 관점에 토대를 둔다. 즉, 가장 작은 언어 단위인 자음자, 모음자부터 알고 이들이 어떻게 글자를 형성하는지 알아야 낱말, 문장, 글의 큰 언어 단위를 이해할 수 있다는 것이다. 상향식 관점은 언어 기능을 분절적으로 보는 관점이기도 하다.

분절적인 관점에서는 언어 기능은 세분화할 수 있으므로 언어 학습은 낮은 수준의 기능 학습에서부터 배우기 어려운 수준의 기능들을 학습하는 순서로 이루어지는 것이 바람직하다고 주장한다. 이 지도법은 자모가 가지고 있는 음가를 정확하게 가르치는 것부터 시작한다. 그리고 점차 낱말과 문장 수준으로 그 대상을 확대한다. 따라서 문자와 소리의 대응 관계를 명시적이고 체계적으로 가르쳐서 학습자가 정확하게 읽고 쓰게 하는 것이 교육의 목표이다. 글을 읽고 쓰는 학습자보다는 '문자' 자체에 강조점을 두는 지도법이라고 하겠다.

정확한 읽기, 쓰기를 목표로 하는 발음 중심 접근법은 문자 언어의 가장 기초적인 기능인 자소-음소의 대응 관계를 이해하는 것이 가장 중요하다고 생각한다. 따라서 자모가 가지고 있는 음가를 정확하게 가르치는 것부터 시작하여, 섬차 낱말과 문장 수준으로 그 대상을 확대한다. 읽기, 쓰기 학습에서 중요한 것은 '정확한 글자의 형태'이며 효율적인 읽기, 쓰기 학습이 이루어지기 위해서는 자소-음소의 대응 원리를 먼저 터득한 후에 관습에 맞게 정확한 발음으로 읽기를 하고 바른 철자로 글자 쓰기를 하여야 한다는 것이다.

이 방법은 한글 자모음의 체계를 논리적으로 이해하고 발음의 규칙성을 지도하는 데 유용하다. 특히 자소와 음소의 대응이 매우 규칙적이고 자모가 글자를 형성하는 원리가 명확한 한글의 장점을 최대한 발휘할 수 있는 방법이다. 몇 가지 원리만 이해하면 모든 글자를 읽을 수 있을 정도로 학습의 전이도 매우 뛰어나다. 그러나 한편으로 너무 분석적이고 논리적이어서 한글 문해 교육을 받는 시기의 어린 학습자들에게는 적절하지 않다는 단점이 있다. 추상적이고 무의미한 단위를 강조하므로 학습자의 흥미나 동기를 유발시키기 어려운 것이다. 발음 중심 접근법의 장점과 단점을 정리하면 다음과 같다.

〈표 1〉 발음 중심 접근법의 장점과 단점

장점	• 한글 구조에 적합하며 체계적이고 논리적 지도 가능함 • 글자·소리 대응 규칙 지도에 적합함 • 맞춤법 학습에 유용함
단점	• 분석적, 추상적이어서 초기 독자와 초기 필자가 이해하기 어려움 • 학습 흥미와 관심을 유지하기 어려움 • 음운 변동이 있는 낱말의 읽기, 쓰기에 어려움 겪음

이 방법은 관습적인 읽기, 쓰기에 비추어 얼마나 정확하게 읽고 쓰느냐에 관심을 둔다. 발음 중심 접근법의 지도 내용으로는 청각 식별, 시각 식별, 시지각 운동, 눈의 좌우 진행 운동, 어휘에 대한 설명과 반복 연습, 글자와 소리의 연결, 새로운 낱말의 시각적 해독, 소근육 운동의 발달 촉진, 낱말 쓰는 시범 보이기, 맞춤법이나 문법에 맞게 쓰기 등을 강조한다.

그중에서도 발음 중심 접근법의 대표적인 지도 방법은 자모음자 체계를 가르치는 '자모식', 자모음자의 결합으로 글자가 형성되는 원리를 가르치는 '음절식'이다. 이 접근법은 문자와 소리의 대응 관계를 명시적이고 체계적으로 가르치는 것이 목적이며 상향식 관점에 근거하므로 자모음자, 음절의 하위 언어 단위를 강조하는 것이다. 자모식과 음절식을 자세히 살펴보자.

가. 자모식

자모식은 자모법 또는 기역니은식 지도법이라고도 한다. 'ㄱ'에 'ㅏ'를 더하면 '가'가 되고, 'ㅂ'에 'ㅓ'를 더하면 '버'가 된다는 식의 문자 지도 방법이다. 실제 지도에서는 기본 음절표를 활용하여 자모인 'ㄱ, ㄴ, ㄷ, ㄹ … ㅎ'과 'ㅏ, ㅑ, ㅓ, ㅕ … ㅣ' 등을 가르치고, 'ㄱ'에 'ㅏ'를 더하면 '가'가 되며, '가'에 받침 'ㄱ'을 더하면 '각'이 된다는 식으로 지도한다. 자모식은 문자라는 집합체를 구조적으로 분석, 인지할 수 있는 성인 교육에 효과적이나 추상적 인식 능력이 부족한 학생에게는 다소 어려움이 있다.

자음과 모음의 상대적 위치에 따라 문자 습득 순서가 달라지므로 (윤혜경, 권오식, 1995) 이러한 순서를 고려하여 지도해야 한다. 한글 글자 구조 유형은 여섯인데, 이 중 글자 구조 1형(가), 2형(고)이 읽기 과제 수행에 가장 우수하며 다음이 4형(강)과 5형(공)이고 3형(귀)과 6형(권)이 제일 뒤떨어졌다.

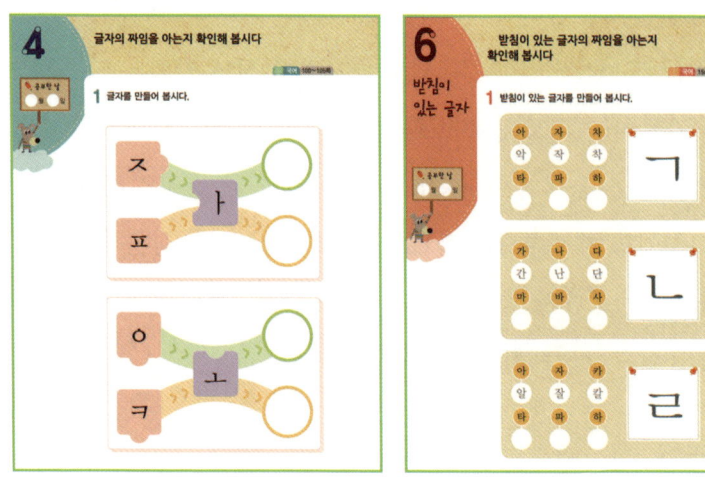

[그림 1] 자모식 지도 자료(초등 1-1 『국어 활동』 교과서)

나. 음절식

음절식은 음절법 또는 가갸식 지도법이라고 한다. 한글은 자소와 음소가 1:1로 비교적 정확하게 대응을 이루는 표음 문자이다. 그러나 문자를 표기할 때 영어처럼 선조적으로 벌려 쓰는 것이 아니라 초성과 중성 혹은 초성과 중성, 종성을 한 음절로 모아쓰고 있다. 실제 발음되는 음절 단위로 표기를 하는 것이다.

이렇게 음절을 중심으로 지도하는 방법은 '체계적 자모 교수법'과 '동음절 연상법'이 있다. '체계적 자모 교수법'은 음절의 체계적인 조직표인 기본 음절표를 활용하여 먼저 '가갸거겨 ……'식의 개음절을 지도하고, 다시 여기에 받침을 덧붙여 폐음절 '각갹걱격 ……' 등의 음절을 지도한 다음에 문장으로 확장하는 방식이다. 하나하나의 음절을 가르치되 그 음절의 구조와 결합 원리 그리고 각 자소의 음가를 비교할 수 있도록 분석적으로 가르친다.

한 음절을 자소의 단위까지 분석하여 가르친다는 점에서는 자모식과 별 차이가 없으나 기본 음절표를 사용하여 음절 사이의 자모와 그 자모의 음가를 체계적으로 비교, 식별하게 함으로써 자소-음소 대응 관계를 지도한다는 점이 특성이다. 이 방법은 한글의 특성을 살려 문자 체계의 이해를 지도할 수 있다. 그러나 기본 음절표의 음절 140개 중 잘 사용하지 않는 음절이 1/3이나 된다는 점을 고려할 때 효율적이지 못하다. 그리고 음운 변화에 따른 발음을 지도하기에 어려움이 있다.

〈표 2〉 **기본 음절표**

모음 자음	ㅏ (아)	ㅑ (야)	ㅓ (어)	ㅕ (여)	ㅗ (오)	ㅛ (요)	ㅜ (우)	ㅠ (유)	ㅡ (으)	ㅣ (이)
ㄱ(기역)	가	갸	거	겨	고	교	구	규	그	기
ㄴ(니은)	나	냐	너	녀	노	뇨	누	뉴	느	니
ㄷ(디귿)	다	댜	더	뎌	도	됴	두	듀	드	디
ㄹ(리을)	라	랴	러	려	로	료	루	류	르	리

ㅁ(미음)	마	먀	머	며	모	묘	무	뮤	므	미
ㅂ(비읍)	바	뱌	버	벼	보	뵤	부	뷰	브	비
ㅅ(시옷)	사	샤	서	셔	소	쇼	수	슈	스	시
ㅇ(이응)	아	야	어	여	오	요	우	유	으	이
ㅈ(지읒)	자	쟈	저	져	조	죠	주	쥬	즈	지
ㅊ(치읓)	차	챠	처	쳐	초	쵸	추	츄	츠	치
ㅋ(키읔)	카	캬	커	켜	코	쿄	쿠	큐	크	키
ㅌ(티읕)	타	탸	터	텨	토	툐	투	튜	트	티
ㅍ(피읖)	파	퍄	퍼	펴	포	표	푸	퓨	프	피
ㅎ(히읗)	하	햐	허	혀	호	효	후	휴	흐	히

'동음절 연상법'은 음절 수준까지 낱말 분석을 하고, 하나하나의 음절을 단위로 새로운 낱말을 형성하거나 분석하도록 연습을 시키는 방법이다. 예를 들면, '우리'라는 낱말을 '우유'의 '우'와 '머리'의 '리'로 분석하고, '우'자와 '리'자를 결합하여 '우리'라는 낱말을 지도하는 것이다. 이 방법은 기본 음절표를 사용하지 않고 음절 단위로 학습한다는 점에서 체계적 자모 교수법과 차이가 있으며, 학습 과제의 최소 단위가 음절이라는 점에서 낱말식과 구별된다.

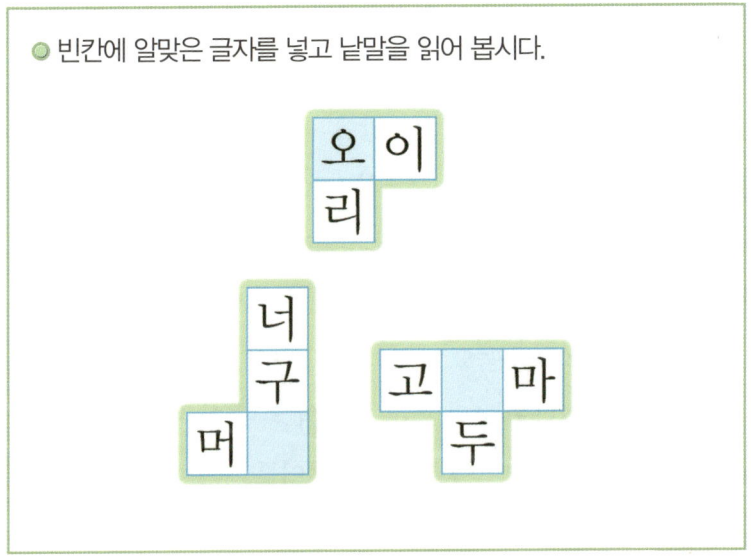

[그림 2] 동음절 연상법 지도 자료(초등 1-1 『국어』 교과서)

2 의미 중심 접근법

　의미 중심 접근법은 읽기와 쓰기 과정이 언어의 상위 수준에서 시작하여 하위 수준으로 나아간다고 보는 하향식 관점에서 나왔다. 즉, 가장 큰 언어 단위인 글 전체를 인식하고 이해하는 과정에서 문장, 낱말 등의 의미를 더 효과적으로 파악할 수 있다는 것이다. 하향식 관점은 언어 기능은 세분화되어 따로따로 작용하는 것이 아니라 통합적으로 작용한다고 보는 통합적 관점에 토대를 두고 있다.
　통합적인 관점에서 언어 기능은 세분화되어 따로따로 작용하는 것이 아니라 통합적으로 작용하므로 언어 학습 시에도 언어를 총체적으로 경험하게 하는 것이 바람직하다고 주장한다. 이러한 관점은 독자가 스스로 의미(meaning)를 구성하게 하는 의미 중심 접근법을 강조한다. 이 지도법은 익숙한 낱말이나 문장을 중심으로 읽기를 시작한다. 이때 정확한 읽기를 강조하기보다는 구체적인 문맥 속에서 독자가 능동적으로 낱말이나 문장의 의미를 구성하게 한다. 문자 체계보다는 글을 읽고 쓰는 학습자를 강조하는 지도법이라고 하겠다.

능동적 읽기, 쓰기를 목표로 하는 의미 중심 접근법은 문자의 모양이나 구성 원리보다는 낱말 또는 문자의 의미 이해에 중점을 둔다. 음소나 낱자가 아닌 의미를 중심으로 언어를 가르치는 방식이다. 추상적인 낱자 수준이 아니라, 구체적인 낱말이나 문장이 학습의 대상이 되므로 아동들의 흥미를 유발할 수 있고, 단순한 문자 읽기보다 의미 파악이 중심이 된다.

따라서 이 방법은 어린 학습자의 발달 수준에 맞고 학습자의 흥미를 유발할 수 있다는 장점이 있다. 실생활에서 익숙한 소재를 중심으로 그림과 곁들여 반복적으로 지도하기 때문에 학습이 쉽고, 학습에 흥미를 느낄 수 있다. 또, 제시된 글을 그대로 읽고 쓰는 것뿐만 아니라 의미를 확장하여 말하거나 생각해 보는 활동과도 연계할 수 있다. 반면 학습의 전이력이 떨어진다. 학습한 낱말과 문장만을 기억에 의존하여 알기 때문에 처음 보는 글은 읽기 어렵다. 의미 중심 접근법의 장점과 단점을 정리하면 다음과 같다.

〈표 3〉 의미 중심 접근법의 장점과 단점

장점	• 낱말의 발음보다 낱말의 의미에 초점을 둠 • 학습 흥미 유발과 관심 유지 • 읽기, 말하기, 쓰기의 통합 지도
단점	• 정확한 발음이 어려움 • 새로운 낱말이나 문장 학습에 학습 전이가 낮음 • 단어의 의미를 억측하는 경우가 있음

이 방법은 정확한 읽기, 쓰기보다는 학습자가 읽기와 쓰기를 즐기고 적극적으로 의미를 구성하게 하는 데 목적이 있다. 의미 중심 접근법의 지도 내용으로는 읽기와 쓰기의 즐거움 공유, 읽은 내용에 대한 토의를 통해 자신감 갖기, 읽은 글의 의미 형성을 위해 맥락적 단서 활용하기, 글의 결과 예측과 결론 도출하기, 경험이나 생각을 그림 또는 글로 표현하기, 주제에 관해 협의하기, 아이디어들의 계열화 활동하기, 주제와 관련하여 발표할 아이디어 생성하기, 독자를 고려하여 글쓰기 등을 강조한다.

의미 중심 접근법의 대표적인 지도 방법은 낱말의 의미를 가르치는 '낱말식', 간단한 유형의 문장을 가르치는 '문장식'이다. 문자를 배우는 학습자가 가장 먼저 접하는 의미를 지닌 언어 단위는 낱말이다. 또한 의미를 표현하는 기본 단위가 문장이므로 낱말, 문장의 언어 단위를 강조하는 것이다. 낱말식과 문장식을 자세히 살펴보면 다음과 같다.

가. 낱말식

낱말식은 낱말법이라고도 하며 '아버지', '우리' 등과 같은 낱말을 중심으로 지도하는 방법이다. 낱말식에서는 시각 어휘(sight word)나 학생들이 빈번하게 사용하는 낱말을 지도한다. 낱말식은 실생활에서 아동에게 친숙한 낱말을 그림과 함께 익히게 하여 낱말을 통째로 학습하는 방식이어서 쉽게 접근할 수 있고 흥미를 유발할 수 있다. 그러나 모든 글자를 일일이 시각화하여 지도하는 데 어려움이 있다. 주로 문자 학습의 초기에 시각 어휘화를 하기 쉽고 아동에게 친숙한 어휘군을 중심으로 지도할 때 쓰인다. 예를 들어, 과일, 동물, 채소, 학용품 등은 낱말식으로 가르치기 좋은 어휘군이다.

[그림 3] 낱말식 지도 자료(초등 1-1 『국어 활동』 교과서)

낱말식은 읽기와 쓰기 활동에서 모두 활용할 수 있으며 낱말의 난이도에 따라 가르치는 순서를 조절해야 한다. 성숙자(2001)는 한글의 쓰기 지도 단계를 '개음절 낱말 쓰기 → 폐음절 낱말 쓰기 → 문장 쓰기'로 제안하였다. 첫 번째, '개음절 낱말 쓰기'로 시작하는 이유는 자소와 음소의 대응이 이루어져 소리 나는 대로 적을 수 있는 것이 쉽기 때문이다. 개음절의 1음절 낱말은 일단 형태소와 소리, 낱말이 일치하므로 1음절 낱말부터 시작해야 글자를 인식하기 쉬울 것이다. 받침이 없는 개음절어 중에서도 자음이 예사소리, 기본형인 것, 모음이 단모음인 것부터 시작해야 한다.

두 번째, 폐음절 낱말 쓰기 단계의 종성은 소리 나는 대로 쓸 수 있는 것부터, 홑받침, 겹받침의 순서로 지도하여야 한다. 세 번째, 폐음절 낱말이나 조사가 결합된 문장 쓰기 단계는 형태소에 대한 문법적 지식이 있어야 하므로 소리 나는 대로 쓰는 표기법 다음의 단계라고 본다. 또한 단일 낱말인 폐음절 낱말과는 달리 조사는 문법적 기능어로서 단일 형태임을 인지해야 한다. 즉, 낱말과 낱말의 결합이라는 것을 인지하게 한다.

나. 문장식

문장식은 문장법이라고도 하며 처음부터 간단한 문장을 통하여 문자를 지도하는 방법이다. '나는 사과를 먹는다'처럼 '누가, 무엇을, 어찌하다'로 구성되는 문장을 여러 가지 제시하여 기본 유형의 문장을 자연스럽게 익히게 하는 방법이다. 이때 문장만 제시하기보다 그림과 함께 제시하거나 이야기 속에서 제시하여 아동의 의미 파악을 돕는다.

문장식 지도법에는 구조주의와 형태 심리학이 반영되어 있다. 구조주의와 형태 심리학에서는 전체적 파악이 이루어진 뒤에 부분을 분석하여 대상을 이해할 수 있다고 본다. 따라서 문장식 지도법은 전체 구조에 해당하는 문장을 문자 지도의 기본 단위로 삼는다. 이 방법은 언어 운용의 실제적 단위인 문장을 직접 다룸으로써 생활과 직결되고 학생의 흥미를 북돋울 수 있는 장점이 있으나 자소와 음소의 연결 등을 소홀하게 다루기 쉽다.

의미 중심 접근법의 특징은 낱말이나 문장 단위를 가르치더라도 보다 큰 단위인 텍스트 안에서 지도한다는 것이다. 정확한 읽기보다는 독자가 능동적으로 텍스트와 상호 작용하며 문맥에서 자연스럽고 의미 있게 익히는 학습을 지향한다. 이러한 지도를 위해서는 문학 작품, 그중에서도 그림책이 대표적이고 매우 효과적인 교육 자료가 된다. 그림책을 읽지 못해도 그림 텍스트를 통하여 의미 구성이 가능하고 짧고 쉬운 글 텍스트를 통하여 낱말과 문장을 효과적으로 가르칠 수 있기 때문이다. 대표적인 활동으로는 '그림책 읽기 및 읽어 주기' 활동을 꼽을 수 있다. 여기에는 예측 가능한 그림책, 글 없는 그림책, 글 있는 그림책 읽기 및 읽어 주기 등이 포함된다.

(1) 예측 가능한 책 읽기

　예측 가능한 책은 아이들이 책을 읽으면서 다음에 무슨 말이 나올지 예측할 수 있도록 쓴 동화이다. 보통 이러한 책의 특징은 이야기의 길이가 짧고 낱말 수가 적으며, 문장 형태가 반복적이거나 점층적으로, 이야기의 흐름을 보여 주는 삽화가 삽입되어 있다. [그림 4]처럼 그림은 여러 가지 이야기를 보여 주지만 상황을 설명하는 문장은 짧고 간결하게 표현되어 있다.

『나도 태워 줘』(이태수, 세밀화로 그린 보리 아기 그림책 / 보리)

[그림 4] 문장식 지도 자료

예측 가능한 책에는 반복되는 문장, 예측 가능한 이야기 흐름, 빈도수가 높은 낱말, 문장 반복, 그림이 제시되어 있다. 이런 반복과 변화는 아이들이 좋아하는 소재일 뿐만 아니라 아이들이 문장에 익숙해지도록 돕는다. 또, 글자 크기가 크며 아이가 좋아하는 주제를 다루고 있다. 이야기의 결말을 예측, 추측할 수 있는 감각과 능력을 발달시키는 데 도움을 준다. 학습자는 예측 가능한 그림책 읽기 및 읽어 주기 활동을 통해 읽기에 대한 부담이 줄어들어 읽기와 쓰기에 자신감을 갖게 되고, 책 내용에 대한 이해력과 어휘력을 향상시킬 수 있다. 널리 알려진 예측 가능한 책의 예를 들면 다음과 같다.

『사과가 쿵!』
(다다 히로시 / 보림)

『곰 사냥을 떠나자』 (마이클 로젠 글, 헬렌 옥슨버리 그림 / 시공주니어)

『야, 우리 기차에서 내려!』
(존 버닝햄 / 비룡소)

『누가 내 머리에 똥 쌌어?』
(베르너 홀츠바르트 글,
볼프 에를브루흐 그림 / 사계절)

『민들레는 민들레』
(김장성 글, 오현경 그림 / 이야기꽃)

『어디 숨었지』(이태수, 세밀화로
그린 보리 아기 그림책 / 보리)

[그림 5] 예측 가능한 그림책의 예

(2) 글 없는 그림책 읽기

글 없는 그림책은 독자의 흥미를 유지하며 상상력, 사고력, 어휘력을 풍부하게 할 수 있다. 글 없는 그림책은 아동이 처음 글과 글자를 접할 때의 부담감을 줄이고 자유롭게 상상력을 펼치게 하는 데 유용하다. 아동은 각각의 그림이 지니는 의미를 탐구하고 그림을 연결시켜서 이야기를 자유롭게 구성하는 활동을 한다. 한글 해득이 되지 않은 아동이라도 각 그림에 어울리는 이야기를 만들어 볼 수 있다.

[그림 6] 글 없는 그림책의 예 『노란 우산』 (류재수)

(3) 글 있는 그림책 읽기

　글 있는 그림책 읽기는 어느 정도 글을 읽을 수 있는 아동에게 적합하지만 정확히 읽을 필요는 없으므로 독자의 부담을 많이 덜어 줄 수 있다. 낱말이나 문장을 정확히 읽지 못하더라도 그림을 단서 삼아 추론할 수 있기 때문이다. 아동은 자신이 아는 낱말과 문장 중심으로 글을 읽되 그림과 연관시켜 전체 글의 의미를 추론해 볼 수 있다. 이러한 활동은 이야기와 낱말에 대한 개념, 글자를 탐구하는 능력을 발달시킨다.

[그림 7] 글 있는 그림책을 활용한 지도 자료의 예 『강아지 복실이』
(한호 글, 김유대 그림) (초등 1-1 『국어』 교과서)

3 균형적 접근법

가. 균형적 접근법의 이해

 문식성은 해독 연습만으로 발달하지 않고 낱말이나 문장의 의미를 아는 것만으로 발달하지도 않는다. 자모음자의 체계와 글자 형성 원리를 알고, 낱말과 문장을 인식하고, 한 편의 글을 읽고 쓰며 의미 구성을 즐기는 태도를 갖추는 등 여러 가지 요소가 상호 관계를 맺으며 문식성이 발달한다. 따라서 이들 중 한 요소에만 초점을 맞출 것이 아니라 문식성에 대하여 균형적이고 포괄적인 시각을 가지고 접근해야 한다.

읽기와 쓰기의 기초 기능만으로는 좋은 독자와 필자가 될 수 없지만, 반대로 기초적인 읽기와 쓰기 기능이 습득되지 않으면 능숙한 독자와 필자가 될 수 없다. 아이들이 좋은 글을 읽고 의미 있는 문학적 경험을 가지는 것도 중요하지만 음운 인식, 글자 해독, 글씨 쓰기 그리고 단어 재인 능력이 길러지지 않는다면 기초 문식성 도달이 어렵다. 이런 맥락에서 최근 언어 교육에서는 발음 중심과 의미 중심의 어느 한쪽에 치우치지 않고 균형 있게 적용할 것과 읽기와 쓰기 활동의 균형을 강조하는 활동을 제안하고 있는데, 이것이 바로 균형적 접근법(balanced approach)이다. 균형적 접근법은 교사들이 기능 중심 접근법과 총체적 언어 접근법을 아동의 필요와 상황에 맞추어 적절하게 병용함으로써 언어 기능의 습득과 함께 고차적 사고력의 향상도 동시에 도모한다(Honig, 1996; 이차숙, 2005).

균형적 접근법은 1990년대 초부터 의미 중심 접근법으로 교육받은 아이들이 해독에 어려움을 겪는다는 문제점을 해결하고자 나온 방법이다. 라진스키(Rasinski, 2013)는 균형적 접근법을 풍부한 독서 경험 제공과 성공적인 읽기에 필요한 기능 및 전략의 명시적 지도 간의 '균형'을 이루는 것이라고 하였다. 균형적 접근법에서는 의미 있는 실제 상황에서 글의 의미와 내용을 이해하게 하고 실생활에서의 필요와 흥미를 유지하게 하는 한편, 발음 중심 접근법에서 강조하는 음운 인식, 철자 지식, 자모 결합 원리, 글자·소리의 대응 지식, 해독을 명시적이고 체계적으로 학습하도록 하는 데 목적을 둔다.

4장에서 제시한 한글 해득 모형에 의하면 학습자는 단어 재인의 직접 경로와 간접 경로를 모두 사용하는 것을 알 수 있었다. 이는 독자가 의미 중심 접근과 발음 중심 접근을 병행한다는 뜻이다. 따라서 한글 문해 지도 방법으로 의미 중심 접근법과 발음 중심 접근법을 병행하는 균형적 접근법을 강조할 필요가 있다. 즉, 균형적 접근법이란 '발음 중심 지도와 의미 중심 지도를 학습자의 필요와 상황에 맞추어 적절하게 병용하는 접근법'이라고 정의할 수 있다. 학습자에게는 발음 중심 접근법과 의미 중심 접근법에서 각각 효과적으로 가르칠 수 있는 것들이 모두 필요하다. 학습자의 요구에 맞추어 두 접근 방식이 조화롭게 병용되어야 읽기와 쓰기 능력뿐만 아니라 이에 대한 태도와 가치관을 포함하는 기초 문식성 교육이 될 수 있다. 한글 문해 교육 역시 효율적인 한글 해득뿐만 아니라 생애독자, 생애필자로서의 소양 함양을 목표로 하므로 균형적 접근법은 이 책에서 추구하는 한글 문해 교육의 방법으로 적절하다.

　균형적 접근법의 의미 중심 측면을 살펴보면, 교사는 의미 있고 상황에 어울리는 언어 사용이 가능하도록 실제적 읽기와 쓰기 활동을 많이 제공하고 문자에 대해 동기와 흥미를 지속시키는 의미 있는 문학 자료들을 제공해야 한다. 예를 들어, 글을 아직 읽지 못하는 아동일지라도 흥미 있는 주제의 그림책을 그림 중심으로 읽으며 글과 연관짓는 방식이다. 쓰기를 할 때도 자기 학용품에 이름 쓰기처럼 일상에서 쓰기가 꼭 필요한 상황을 제시하여 자연스럽게 쓰기 활동을 유도한다.

　균형적 접근법의 발음 중심 측면을 살펴보면 발음 중심 접근법에서 강조하는 음운 지식, 자모 체계의 이해, 자소·음소의 대응 관계 이해, 낱자 지식, 낱말 재인, 그리고 어휘력 등의 기초 기능들을 체계적이고, 직접적이며, 명시적인 방법으로 가르친다. 다만 학습자가 명시적 지도를 필요로 하고 받아들일 준비가 되었는지를 고려하고 가능한 의미 중심 지도와 병행할 수 있는 상황을 조성한다. 예를 들어, 자음 체계를 가르칠 때 별도로 가르치기보다는 자음 체계를 활용한 그림책을 활용해 가르치는 식이다.

이와 같은 균형적 접근법의 특성을 고려하였을 때 다음 원리에 유의하여 지도해야 한다. 첫째, 지도 순서 면에서 발음 중심과 의미 중심의 지도 내용을 효과적으로 병행해야 한다. 대체로 지금까지 입문기 문자 교육의 지도 순서는 '의미 중심 → 발음 중심 → 의미 중심'의 순으로 이루어져 왔다. 학습자에게 친근한 낱말로 문자에 관심을 가지게 하고, 어느 정도 문자에 익숙해지면 음절과 음소 단위를 인식하고 글자의 짜임을 이해하게 한 후, 문장과 글 단위의 글을 접하는 식이다. 한글 문해 교육 대상자의 보편적 연령과 발달 특성을 고려하면 이와 같은 지도 순서가 대체적으로 적절하다. 그러나 학습자의 특성이나 발달 수준에 따라 특정 단위의 언어 지도에 집중해야 할 필요도 있으므로 학습자 개별화 지도를 위하여 지도 내용을 보다 상세화해야 한다.

둘째, 지도 방법 면에서 발음 중심과 의미 중심의 두 지도법을 적절히 혼합하여 지도해야 한다. 두 가지 방법을 교대로 취하는 것이 아니라 혼합하여 지도하며 활동과 제재 면에서도 균형을 추구해야 한다. 기본 음절표, 낱말 카드, 문장 카드, 시, 이야기, 그림책 등 여러 언어 단위를 인식하고 친숙해질 수 있는 언어 자료를 제시해야 한다. 또, 주체적으로 읽기와 쓰기를 즐기는 능동적 활동과 정확하게 읽고 쓰기를 자동화하는 활동을 동시에 활용해야 한다.

셋째, 균형적 접근에서는 학습자의 문식성 발달과 개인차를 고려해야 한다. 즉, 문자의 의미를 알고 있으나 읽기에 곤란을 가진 학습자에게는 발음 중심 지도를 적용하고, 읽기를 유창하게 하나 문장의 의미 파악에 어려움을 가진 학습자에게는 의미 중심 지도를 적시에 제공한다. 이를 위해서는 학습자의 발달 수준에 대한 정보를 풍부하게 제공해주는 진단 도구가 매우 중요하다.

넷째, 균형적 접근법은 언어 기능의 습득과 함께 고차적 사고력의 향상도 동시에 도모해야 한다. 균형적 지도에서는 학습자에게 무의미한 음운 인식 지도를 할 때에도 재미있는 그림책 안에서 찾게 하거나 게임이나 놀이 활동과 연계하여 긍정적인 문자관을 길러 준다. 균형적 접근에 따르면 인지적, 정서적 요인들이 문식성 발달에 복합적으로 영향을 주므로 한글 해득과 고등 문식성의 연계를 면밀히 고려해야 한다.

〈표 4〉 균형적 접근법의 장점과 단점

장점	• 학습자의 개인차를 고려한 맞춤형 지도 　- 낱말의 의미를 알지만 해독에 어려움을 겪는 경우에 발음 중심 접근법을 알맞은 때에 지도 　- 해독은 유창하지만 의미 파악에 어려움을 겪는 경우에 의미 중심 접근법을 알맞은 때에 지도 • 한글 읽기와 한글 쓰기의 균형
단점	• 학습자의 개인적 특성에 맞는 지도 방법 판단의 어려움 (개별 진단 필요)

나. 균형적 접근법의 활동

균형적 접근법은 읽기와 쓰기의 경험들이 서로 밀접한 관련을 가지도록 지도 내용과 활동이 구성되어야 한다. 의미 중심 접근법의 측면에서 문학 체험, 의미 이해 등의 지도 내용을, 발음 중심 접근법 측면에서 낱말 인식, 음소의 인식, 쓰기 등의 지도 내용을 구성한다. 또한 문학적 환경을 강조하며, 학습자 개인의 요구를 만족하는 개별화된 교육과 학습자 간의 소집단 활동, 교사의 직접 교수가 적절히 혼합된 지도법을 권장한다. 다음은 교실에서 적용할 수 있는 균형적 접근법의 활동을 구성한 그림이다.

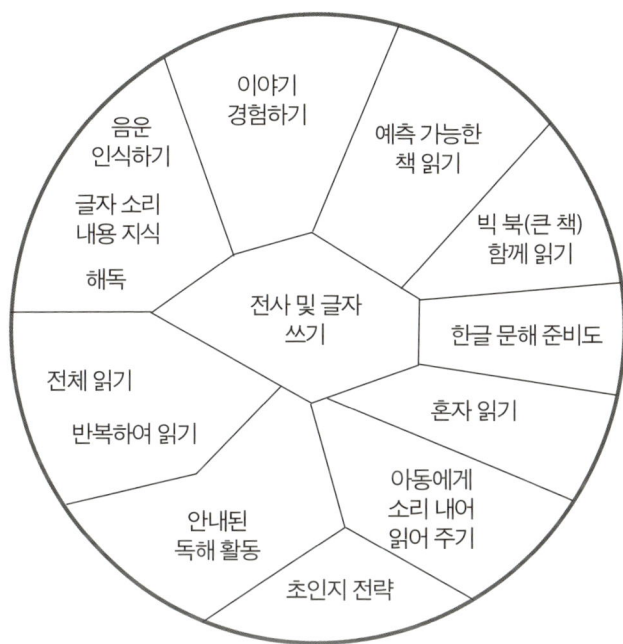

[그림 8] **균형적 접근법의 지도 활동**(Hammond, 1999)

[그림 8]의 원 모양 외곽선은 지도 시간과 양의 일정함을 나타낸다. 즉, 어느 한 활동에 지도 시간이나 양을 늘렸다면 다른 활동들은 지정된 시간이나 학습량을 줄인다. 물론 학습자의 개인차에 따라 활동의 비중이 다르다. 여기서 예로 든 활동과 지도 내용들은 선택적으로 활용할 수 있고 상황에 따라 얼마든지 변경이 가능하다. 이러한 활동들은 단위 시간이나 하루 동안에 모두 이루어지는 게 아니라 일정 기간에 이루어지는 문식성 지도 과정에 포함된다. 또, 지도 내용들은 학습자의 수준과 필요에 따라 다르게 나타나며 동시적으로 일어나는 경우가 많다. 균형적 접근법은 같은 학습자가 필요에 따라 교

사의 직접적인 안내를 받아 '안내된 독해 활동'을 할 수도 있고 교사의 간접적인 안내를 받아 '혼자 읽기' 활동을 할 수도 있다.

균형적 접근법의 또 다른 특징은 읽기뿐만 아니라 쓰기 지도도 중요시한다는 것이다. '전사 및 글자 쓰기' 활동을 통해 익힌 글자를 의미에 맞게 써 볼 수 있게 하고, 읽기와 쓰기가 균형을 맞추도록 한다. 기존의 반복적인 베껴 쓰기에서 탈피하여 학습자의 흥미를 유발하고 독서 감상 활동까지 겸할 수 있도록 이야기 속의 내용을 쓰거나 짧은 글을 지어 보게 한다. 그 외 일기 및 편지 써 보기 활동으로 배운 글자를 활용하고 또한 생활에서 자주 쓰는 글자를 자연스럽게 익힐 수 있게 한다.

다음은 초등학교 1-1 『국어』 교과서에 반영된 균형적 접근법의 예이다. 교사는 먼저 의미 중심 접근법을 적용하여 그림책 「구름 놀이」를 읽어 주거나 학생이 읽게 한 다음, 그림책 내용에 대해 이야기 나누기 활동을 한다. 그리고 교사는 그림책에 나온 낱말을 그림과 함께 제시하여 발음 중심 접근법을 적용하여 낱말을 소리 내어 읽도록 지도하고 다양한 낱말의 자모 결합 원리와 글자·소리 대응 지식을 활용하여 낱말을 완성하도록 지도한다.

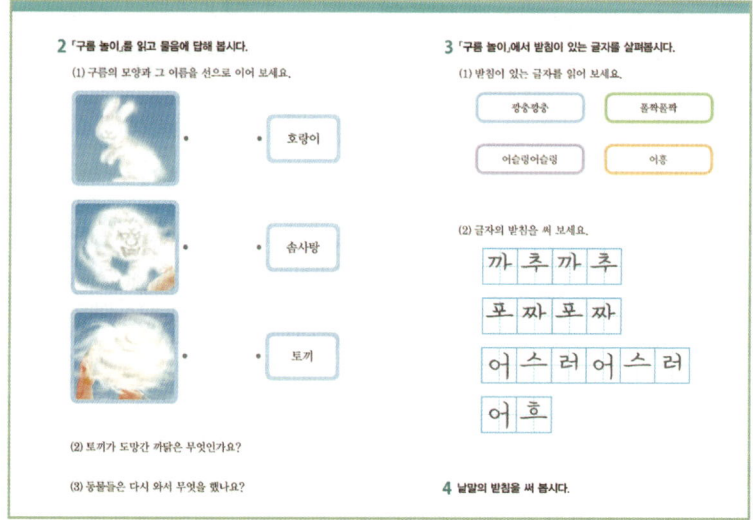

[그림 9] 균형적 접근법의 예시(초등 1-1 『국어』 교과서)

 이렇게 균형적 접근법에서는 구조적이고 계획된 활동을 통하여 명시적인 방법으로, 때로는 암시적인 방법으로 해독과 철자법에 대한 지도를 하고 음운 인식, 자모 결합의 원리, 자소·음소의 대응 관계에 대한 지도를 한다. 그뿐만 아니라 글의 의미를 이해하기 위해 그림이나 문맥을 어떻게 이용할 것인지, 사전 지식을 어떻게 활용할 것인지도 배운다. 아이들이 이미 알고 있는 개념이나 어휘들을 중심으로 모르는 글의 의미를 어떻게 이해할 수 있을 것인지, 여러 가지 전략들도 동시에 배운다.

균형적 접근법에서 중요한 것은 꼭 가르쳐야 할 기본 지식은 가르치되, 이미 문자 해득을 한 학습자에게도 의미 있고 재미있는 활동이 되게 해야 한다는 것이다(이수진, 2014). 이를 위해서는 첫째, 이미 습득된 지식을 1학년 학습자의 특성에 맞는 놀이나 조작적 활동을 통해 활용할 수 있는 기회를 제공해야 한다. 예를 들어, 글자의 짜임 학습을 위해 자음과 모음 주사위를 던져 글자 만드는 활동을 할 수 있다. 글자가 자음과 모음의 결합으로 이루어진다는 지식을 명시적으로 가르치면서도, 주사위 만드는 조작 활동과 낱말을 많이 또는 빨리 만드는 놀이의 효과를 볼 수 있다.

둘째, 기초 문식성에 중점을 둔 활동이더라도 학습자에 따라 고등 문식성 활동과 연결시킬 수 있는 기회를 제공해야 한다. 예를 들어, 자음의 음가 학습을 위해 그림책 읽기 활동을 할 수 있다. 이때 그림책의 글은 정확하게 읽는 것이 목적이 아니라, 그림에서 특정 음가가 포함된 낱말을 찾고 글 속에서 확인하는 정도로만 쓰인다. 이 활동에서 문자 해득이 안 된 학습자는 음가 학습을 위주로 하지만, 학습자에 따라서는 그림책의 글을 정확하게 읽거나 그림을 보고 이야기를 꾸미는 등 수준 높은 의미 구성 활동을 할 수 있다.

10장 | 한글 문해 교재는 어떻게 변화했을까?

　우리나라 교육과정에 따르면 한글 문해 교육은 공식적으로 초등학교 1학년에 시작된다. 따라서 초등학교 저학년의 국어 교과서는 공교육에서 한글 문해 교육에 대하여 어떤 철학과 이론을 견지하고 있는지, 그 지향점과 현실을 보여 주는 대표적인 교재이다. 특히 초등학교 1학년 1학기 교과서에서 문자를 가르치는 방식은 해당 교육과정기의 문자 지도관을 대표한다고 할 수 있다. 초등학교 1학년 국어 교과서를 통하여 시기별 한글 문해 교육의 특징을 살펴보는 것은 현재의 한글 문해 교육이 역사적으로 어떤 과정을 거쳐 성립되었고 앞으로 지향해야 할 방향은 무엇인지를 파악하는 데 도움이 될 것이다.
　이 장에서는 국어 교과서 고찰의 시기를 광복 직후의 교수 요목기, 1차~3차, 4차, 5~7차, 2007 개정, 2009 개정, 2015 개정으로 나누어 교육과정 시기별로 특징과 한글 문해 교육의 변화를 살펴보겠다.

1 교수 요목기

일제 강점기의 한글 문해 교재는 조선 총독부에서 편찬한 보통학교『조선어독본 권1』(1923)과『조선어독본 권1』(1930)이 있다. 이 교재들은 모두 조선 총독부에서 만들어진 교과서이지만, 그 구성은 여러 차이를 보인다. 우선 1923년 판『조선어독본 권1』은 자모-음절/자모-낱말-문장-글의 순서로 언어 자료를 제시하고 있는데 비해, 1930년 판『조선어독본 권1』은 음절-낱말-문장-음절-자모-낱말-문장-글의 순서로 언어 자료를 제시하고 있다. 또, 두 교과서 모두 자음과 모음의 결합 원리를 익힐 수 있도록 기본 음절표를 제시하고 있다. 그러나 1923년 판은 교과서의 시작 부분에 자모를 제시하고 있으며, 1930년 판은 음절(글자)을 제시하여 기본 음절표 외에도 음절을 낱개의 글자로 학습하도록 가로축과 세로축에 자음과 모음을 적지 않은 반절표를 제시하고 있다는 차이를 보인다(김은지, 2017: 18).

광복 직후는 민족 주체성을 되찾기 위해 어느 때보다 한글 교육이 필요한 때였다. 미군정이 정부 차원에서 교과서를 편찬, 발행하기 전인 1945년 8월 25일 조선어학회(현 한글학회)에서 임시 국어 교재 편찬을 결의하고 같은 해 9월 2일 조선어학회 안에 '국어 교과서 편찬 위원회'를 두고 교과서 편찬을 시작하였다. 조선어학회에서 편찬한『한글 첫걸음』(1945)은 발음 중심 한글 학습 교재로써 초등학교 전 학년과 한글 문맹인 성인을 대상으로 한 문맹 퇴치용 교재로 활용되었다. 『한글 첫걸음』은 자음, 모음의 결합을 위주로 지도하는 자모법 지도 방법을 취하고 있어서 전형적인 발음 중심 지도 방법의 교재라고 할 수 있다. 조선어학회에서 발행한 『초등국어교본(상)』은 국민학교 초급 학년용 국어 교과서로 역시 자모식 지도법을 주로 취하고 있다. 『한글 첫걸음』이 각급 학교 학생은 물론 일반인까지도 대상으로 하고 있는 반면, 『초등국어교본(상)』(1945)은 초등학교 1, 2학년을 대상으로 하고 있다.

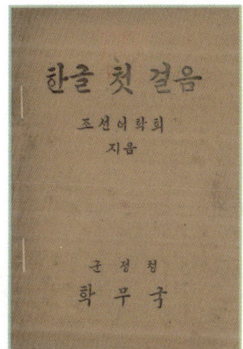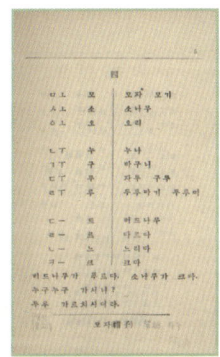

[그림 1] 『한글 첫걸음』의 단원 내용

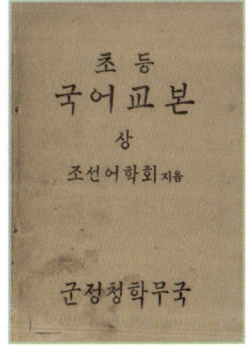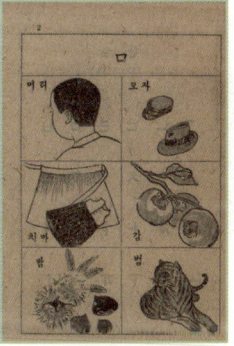

[그림 2] 『초등국어교본(상)』의 단원 내용

그 후, 대한민국이 수립되면서 1946년에는 국정 교과서로서의 규모를 어느 정도 갖춘 교과서가 발행되었다. 이 중에서 1학년 1학기용 교과서는 일명 『바둑이와 철수』라는 이름으로 더 잘 알려졌다. 『바둑이와 철수』는 이전의 『한글 첫걸음』과 여러모로 비교되는 교과서이다. 『한글 첫걸음』이 문맹 퇴치를 위하여 한글 자모 교육 위주로 만들어진 반면, 『바둑이와 철수』는 책 속표지에 교과서에 등장하는 인물을 소개하고 소재를 아동의 생활 속에서 선정하거나 이야기 방식을 취하고 내용 이해를 돕기 위해 삽화를 활용하는 등 의미의 이해를 강조하고 있다. 이와 같이 교수 요목기에는 전형적인 발음 중심의 교재인 『한글 첫걸음』과 의미 중심의 교재인 『바둑이와 철수』가 공존하였다.

[그림 3] 『바둑이와 철수』의 단원 내용

2 1차~3차 교육과정기

　1차, 2차, 3차 교육과정 시기의 1학년 1학기 국어 교과서는 『바둑이와 철수』의 영향을 받아서인지 의미 중심 접근법의 특징을 많이 보이며 단원 제목이나 내용, 교재 구성 방식에서 매우 유사하다. 교육과정에 제시된 목표 중 자모음을 분리하여 학습하거나 글자 형성 원리를 익히거나 하는 등의 발음 중심의 목표는 전혀 보이지 않고 아동의 경험과 흥미 위주의 목표를 제시하고 있다. 특히 1단원에서 3단원까지는 그림으로만 구성되어 있어서 아동에게 글자에 대한 부담을 최대한 덜어 주려는 노력이 엿보인다. 2차와 3차 국어 교과서 역시 1차 국어 교과서와 단원 구성이나 제재 면에서 크게 다르지 않으며, 의미 중심 지도 방법에 의해 편찬되었다(박공미, 1997).

　이와 같이 1, 2, 3차 국어 교과서는 모두 문자 지도에 앞서 그림을 먼저 제시하고, 발음 지도보다 내용을 중요시하여 아동에게 친숙한 소재와 낱말 중심으로 교재를 구성하는 등 의미 중심 접근법을 충실하게 따르고 있다. 그러나 당시의 열악한 교육 환경과 제한된 교재 지면으로 말미암아 실제 지도 방식을 일치하기는 쉽지 않았을 것임을 짐작할 수 있다.

[그림 4] 2차 교육과정 『국어』 교과서(1학년 1학기)

3 4차 교육과정기

　4차 교육과정기의 1, 2학년 국어 교육은 도덕, 국어, 사회를 통합한 통합 교과 『바른 생활』에서 이루어졌다. 박공미(1997)는 4차 교육과정의 목표와 1학년 교과서의 단원별 지도 방법을 분석하여 4차 국어 교과서가 의미식과 발음식을 혼재하여 교육하는 절충식 교재 구성을 채택하고 있음을 밝혔다. 이 시기에는 의미 중심, 발음 중심 접근법의 지도 방법이 혼재되어 나오는데, 1단원부터 한글 낱자의 이름과 필순이 제시되고 음절의 결합 방식이 나오는 등 발음 중심의 성격이 강한 편이다. 1차~3차에 비하여 발음식의 지도 방법이 대폭 등장한 것은 그간 의미 중심 지도의 한계를 인식하고 발음 중심 지도의 필요성을 느꼈기 때문이라 짐작할 수 있다.

1차 교육과정기부터 2009 개정 교육과정기까지 입문기 문자 지도의 내용과 방법을 분석한 강동훈(2013)은 1~3차 교육과정기까지는 의미 중심 지도법이 주를 이루면서 단일 관점을 취한 반면, 4차 교육과정기부터 글자의 구성 원리와 관련된 내용이 반영되었다고 하였다. 즉, 발음 중심 지도법이 반영된 4차 교육과정기 이후로 한글 문해 교재에서 의미 중심과 발음 중심 지도법을 복합적으로 활용하고 있음을 밝혔다.

　의미 중심과 발음 중심을 함께 고려하기 시작했다는 성과를 이루었으나 한글 문해 교육의 관점에서 보면 4차 교과서는 결정적 문제를 지닌다. 그동안의 교재가 아동에게 친숙하면서도 형태적으로 단순한 낱말부터 제시되었다면, 통합 교과 『바른 생활』의 1단원은 이러한 점이 전혀 고려되지 않고 있다는 것이다. 1단원의 제재 '파란 하늘'에는 태극기 앞에 여럿이 바른 자세로 서서 노래를 부르고 있는 그림이 제시되고, '하늘, 파란 하늘, 파란 하늘에 우리 태극기'라는 낱말과 어구가 제시되고 있다. 그리고 태극기, 애국가, 무궁화와 같은 소재가 등장한다(박공미, 1997).

　이 낱말들에는 상대적으로 어려운 받침이 포함되고 이중 모음이 사용되어 있다. 이는 아동의 언어 능력 수준보다 사회, 도덕 교과에서 지향하는 가치관 교육이 우선된 것으로 짐작된다. 이렇게 세 교과의 목표를 하나의 교과서 안에서 함께 구현하다 보니 자연히 한글 문해 교육에 충실하기 어려웠다고 보인다. 즉, 4차 국어 교과서는 문자 해득이라는 기본 목표 측면에서 보면 부족한 면이 많다.

[그림 5] 4차 교육과정 『바른 생활』 교과서(1학년 1학기)

4 5차~7차 교육과정기

4차에서 통합 교과를 취함으로써 문자 지도가 어렵다는 비판이 일었고, 그 결과 5차 교육과정기에는 국어 교과를 분리하였다. 또, 한글 문해 교육의 관점에서 보면 4차에서 발현된 의미 중심과 발음 중심을 혼재하여 교육하는 절충식 교재 구성이 더 명료해졌다.

단원별 학습 활동을 살펴보면 교과서 앞부분은 아동들이 문자 언어에 쉽게 접근하고 흥미를 느낄 수 있도록 아동들에게 친숙한 낱말과 문장들을 그림과 함께 제시하여 글자를 익히게 하고 있다. 따라서 낱말이나 문장을 읽힐 때는 관련되는 삽화와 대응시키면서 문자로 쓰여진 낱말의 시각적인 형태를 지각시키도록 하였다. 5, 6단원에서는 기본 음절표를 활용하여 여러 가지 방법으로 글자를 익히게 하고 있다. 한글 낱자의 모양과 음가를 익히고, 낱자를 결합하여 음절을 구상해 보기도 하고 여러 낱말들을 이루는 글자를 기본 음절표에서 찾아 표시하는 활동을 하게 한다. 그 이후의 단원은 앞부분의 의미 중심 지도 방법에 의해 글자 익히기를 하도록 구성되어 있다(박공미, 1997).

즉, 초기 단원에서는 아동 위주의 의미 중심으로 접근하다가 어느 정도 문자에 익숙해졌을 즈음 기본 음절표를 제시하고 글자 형성 원리를 깨닫게 하는 발음 중심 지도 방법이 등장한다. 4차에서도 절충식을 취하였으나, 이와 같이 의미 중심으로 시작하여 학습자가 문자에 익숙해지면 발음 중심으로 지도하다가 다시 의미 중심으로 돌아가는 전형적인 절충식 교재 구성은 5차에 와서 정착되었다.

[그림 6] 5차 교육과정 국어 교과서(1학년 1학기 『읽기』)

5차 교과서의 또다른 특징은 국어과 영역별로 교과서 분권 체제를 취하였다는 점이다. 말하기·듣기, 읽기, 쓰기의 영역별로 교과서가 따로 존재하였는데 이는 국어과의 위상과 비중을 높였을 뿐만 아니라 언어 기능 중심의 국어 교육을 시작하였다는 점에서 의미가 있다. 한글 문해 교육 관점에서도 읽기 교육을 위한 교과서와 쓰기 교육을 위한 교과서가 별도로 제작되었으므로 한글 문해 교육이 강화되며 학습량이 많아졌다. 쓰기 교과서에는 초기 쓰기에 필요한 보고 쓰기, 받아쓰기 등 다양한 활동이 제시되었다.

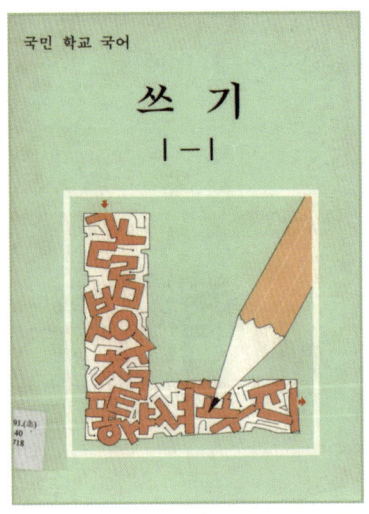 

[그림 7] 5차 교육과정 국어 교과서(1학년 1학기 『쓰기』)

5차 교과서에서 취한 절충식 지도 방법은 국어 교과서의 기본적 문자 지도관이 되었다. 이와 같은 교재 구성은 6차 교과서에도 그대로 이어졌을 뿐만 아니라 현행 국어 교과서에까지 이어지고 있다. 6

차 교과서는 5차와 유사한 특징을 그대로 유지하였다.

　7차 국어 교과서의 특징은 언어 사용의 목적을 중심으로 하여 대단원 체제로 개발되었다는 것이다. 한 개의 대단원 안에 두 개의 소단원이 들어 있으며, 대단원은 정보 전달, 설득, 정서 표현, 친교라는 거시적인 언어 사용 목적에 따라 나누어져 있다. 이렇게 7차 국어 교과서는 큰 변화와 체계화를 시도하였으나 한글 문해 교육 관점에서는 절충적 문자 지도관이 기본적으로 이어졌다.

　다만 단원의 크기가 커지면서 한글 문해 교육 관련 내용이 주로 1, 2단원에 집중적으로 제시된 경향이 있다. 한글 문해 교육의 관점에서 보면 그간 여러 단원에 거쳐 지도되던 요소들이 한 단원에 집중되면서 교과서의 난이도가 높아지는 결과를 낳기도 하였다.

5　2007 개정 교육과정기

　7차 국어 교과서에서 기초 문식성 관련 내용이 1, 2단원에 집중적으로 제시되면서 문제점이 발생한 만큼 2007 개정 시기는 기초 문식성 지도 내용 강화와 체계화의 필요성을 인식하였다. 또, 2007 교과서는 한글 문해 교육에서 학습자의 필요에 의해 의미 중심, 발음 중심의 지도 내용과 방법을 균형 있게 다루어야 한다는 균형적 접근법의 필요성이 대두된 이후 개발되었다. 자연히 절충식 교재 구성을 벗어나 균형적 접근법의 연구와 실천의 필요성도 인지되었다. 국어 교과서에도 이를 반영하려는 노력이 이루어졌으니 구체적으로 반영된 결과는 미흡한 점이 있다. 특히 읽기 교과서와 쓰기 교과서가 분책되어 교과서별로 학습 내용의 위계가 서로 다르고, 읽기 활동과 쓰기 활동이 분절되는 문제가 있었다.

한 가지 고무적인 점은 한글 문해 교육에서 그림의 활용성이 다양해졌다는 점이다. 이전의 교과서에서 그림은 문자의 이해를 돕는 보조적인 역할에만 머물렀으나, 2007 국어 교과서의 그림은 의미를 구성하고 전달하는 능동적 역할로 확장되었다. 이는 2007 교육과정이 장르(텍스트) 중심의 교육과정으로 1학년에서 그림 동화와 그림 일기를 중요한 장르로 다루고 있기 때문이다. 그림 동화를 하나의 장르로 다루면서 의미 중심의 지도 방법이 보다 다양해질 수 있는 가능성이 열렸다.

[그림 8] 2007 개정 교육과정 국어 교과서(1학년 1학기 『읽기』)

[그림 9] 2007 개정 교육과정 국어 교과서(1학년 1학기 『쓰기』)

6 2009 개정 교육과정기

 2009 개정 국어 교과서는 초등학교 1, 2학년 교과서가 2013년에 처음 배포되었다. 2009 교육과정기의 특징은 기존에 영역별로 분책되었던 국어 교과서가 한 권의 책으로 통합된 점이라 할 수 있다. 교과서의 명칭이 『읽기』, 『듣기·말하기』, 『쓰기』 또는 『듣기·말하기·쓰기』에서 『국어』로 바뀌었고, 보조 교과서로 『국어 활동』을 개발하였다.
 2009 개정 국어과 지도서에서 2009 국어 교과서의 개발 방향을 13가지로 제시하였는데 그중 하나가 '기초 학습 능력을 강화한 교과서'이다. 교육과학기술부(2013)에 의하면 2009 개성 교육과정에 따

른 국어 교과서는 단원의 학습 내용이나 학습 활동과 관련하여 기초 학습 능력을 강화하고자 하였다. 이를 위하여 『국어 활동』에서 발음 학습, 어휘, 맞춤법, 글씨 쓰기, 우리말 이해 활동을 하도록 함으로써 해당 학년군의 기초 학습 능력을 향상시키고자 하였다. 또한 1학년 『국어』에 한글 해득 관련 내용을 강화하였다. 이전의 교과서에서 영역별로 분리되어 위계화가 어려웠던 내용을 수준별로 체계화하였다.

  2009 국어 교과서의 기초 학습 능력 강화는 교과서의 체제 변화와도 관련있다. 보조 교과서인 『국어 활동』이 기초 언어 능력 학습을 강조하고 있기 때문이다. 보조 교과서인 『국어 활동』의 기초 문식성 내용과 관련된 부분은 '우리말 다지기'와 '글씨 연습'이다. '우리말 다지기'는 낱말 학습, 문장 학습, 맞춤법 관련 내용이 큰 비중을 차지하고 있고, '글씨 연습'은 쓰기 기능의 기초를 다지는 연습 지면으로 제시되고 있다.

[그림 10] 2009 개정 교육과정 국어 교과서(1학년 1학기 『국어』, 『국어 활동』)

앞에서 살펴본 대로 초등 국어 교과서에 반영된 입문기 문자 지도관은 발음 중심 교재와 의미 중심 교재의 공존, 의미 중심 지도 방법의 우세, 발음 중심과 의미 중심의 절충식 접근, 균형적 접근법의 시도로 변화되어 왔다. 2009 국어 교과서는 2007 국어 교과서부터 시도된 균형적 접근법을 보다 안정되게 반영하였다.

낱자나 음절 단위를 가르칠 때도 단순 규칙과 연습에서 벗어나 학습자 수준에 맞도록 활동화하려는 노력이 발견된다. 예를 들면 자음과 모음을 익힐 때 몸으로 글자 모양을 만들어 보는 활동이 있다. 자모음 체계를 익히는 발음 중심의 지도 내용을 다루고 있으나, 단순히 시각적으로 인지하고 암기하게 하는 것이 아니라 몸으로 직접 모양을 만드는 놀이 활동을 병행하고 있다. 또 한 예로는 그림책을 통해 자음 음가를 학습하는 활동을 들 수 있다.

7 2015 개정 교육과정기

2015 개정 국어 교과서는 초등학교 1, 2학년 교과서가 2017년에 처음 배포되었다. 2015 국어 교과서는 2009 교과서와 동일하게 주 교과서인 『국어』와 보조 교과서인 『국어 활동』으로 구성되었다. 국어 교과서 체제는 동일하나 『국어 활동』 교과서의 성격이 기초 학습 및 자기 점검 위주로 다소 변화되었고, 『국어 활동』이 1~2학년군, 3~4학년군에만 있고 5~6학년군에는 없다.

[그림 11] 2015 개정 교육과정 국어 교과서(1학년 1학기 『국어』, 『국어 활동』)

2015 개정 교육과정은 공교육에서 한글 문해 교육을 책임져야 한다는 강한 사회적 비판과 요구를 배경으로 '한글 교육 강화'를 특징으로 내세웠다. 이는 사회적 환경의 변화와 교육 환경의 변화, 학교 현장의 요구 등을 수용한 것으로 볼 수 있다.

교육부가 2015년 발표한 '2015년 다문화 학생 교육 지원 계획'에 따르면 일반 학령 인구는 매년 약 20만 명씩 감소하고 있지만 다문화 학생 수는 약 8천 명에서 만 명씩 증가하는 추세에 있으며 2014년에는 다문화 학생이 전체 초, 중, 고 학생 중 1%를 넘어서고 있다. 특히 2015년을 기준으로 하였을 때 다문화 가정의 미취학 아동은 12만 1천여 명으로, 향후 초·중등 교육에 진입하는 다문화 학생 수는 지속적으로 증가할 것으로 예상된다(김은지, 2017). 이들은 한국어에 노출되는 경험이 적고 입학 전 한글 교육을 받을 기회도 별로 없는 실정이다. 또, 각 가정의 경제적 수준이나 도농 간 지역적 격차에 따라서 한글 해득을 하지 못하고 초등학교에 입학하는 학생들의 수는 더 늘어날 전망이므로 정규 교육과정에서 한글 교육의 중요성은 더욱 강화될 것이라고 볼 수 있다.

이런 배경에서 등장한 만큼 2015 개정 국어 교과서는 이전의 교과서에 비해 한글 교육 교재로서 진일보한 모습을 보인다. 한글 문해 교육 관점에서 2015 국어 교과서의 바람직한 점은 다음과 같다.

가. 한글 학습 분량 증가 및 학습 요소의 체계화

2015 국어 교과서는 지난 교육과정기에 개발된 국어 교과서들보다 한글 학습 분량이 증가하였다. 한글 교육 관련 내용이 2009 국어 교과서에서는 1학년 1학기에 약 27차시 분량으로 구성된 데 비하여 2015 국어 교과서는 1학년 1학기만으로도 62차시 분량으로 2009 국어 교과서에 비하여 두 배 이상 증가하였다.

또한 한글 교육 관련 학습 요소들을 보다 세분화하여 자세하게 지도하고 있다. 예를 들면, 이전 교과서에서 한 단원에 다루었던 '자음자와 모음자'를 두 단원에 걸쳐 '자음자'와 '모음자'로 분리하여 다루고 있다. 역시 이전 교과서에서 한 단원에 다루었던 '글자의 짜임'은 '받침이 없는 글자의 짜임', '받침이 있는 글자의 짜임'을 다루는 두 단원에서 학습 요소를 분리하여 제시하고 있다.

학습 요소가 세분화되었을 뿐만 아니라 제시하는 순서도 난이도를 고려하였다. 예를 들면, 글자의 짜임을 학습할 때 먼저 받침 없는 글자의 짜임을 배우고 받침 있는 글자의 짜임을 나중에 배우도록 하였다. 또, 겹받침이나 이중 모음도 난이도에 따라 제시하는 순서를 조정하였다.

1학년 교과서의 단원별 학습 요소 제시 순서를 보면 이전보다 한결 체계화된 것을 알 수 있다. 1학년 1학기에는 바른 자세로 읽고 쓰기, 자음자 학습(모양, 이름, 소리 알기, 쓰기), 모음자 학습(모양, 이름, 소리 알기, 쓰기), 받침이 없는 글자의 짜임 알기, 받침이 있는 글자의 짜임 알기의 순으로 학습 내용이 제시된다. 1학년 2학기에는 겹받침이 들어간 낱말 쓰기(ㄲ, ㅆ 등), 겹받침이 들어간 낱말 알기(ㄵ, ㄳ, ㄶ 등)의 순으로 학습 내용이 제시된다.

나. 균형적 접근법의 강화

균형적 접근법의 필요성이 대두되면서 2009 국어 교과서부터 본격적으로 균형적 접근법을 취하려 노력하였고 2015 국어 교과서에서는 한층 진일보한 면을 찾을 수 있다. 우선 학습자의 실생활과 관련되어 한글 교육에 대한 흥미와 관심을 지속시킬 만한 유의미한 활동을 다수 포함하고 있다. 예를 들어, 단원 도입 부분에 준비 활동 차시를 넣어서 학습 활동을 예측하게 하고 있는데 본격적으로 한글 학습을 하기 전 부담을 덜어 준다는 점에서 의의가 있다. 2단원과 3단원에서 자음자와 모음자를 익히게 되는데 이때 준비 학습의 내용은 자음자와 모음자의 모양을 아는 것으로 2단원에서는 학습자가 실제 생활 환경 속에서 자음자 모양을 찾아볼 수 있도록 하였고, 3단원에서는 여러 가지 동물 그림 속에서 모음자의 모양을 찾아볼 수 있도록 하였다.

[그림 12] 2015 개정 교육과정 「국어」 교과서(단원의 준비 학습)

준비 학습뿐만 아니라 전반적으로 이름 쓰기 등 실생활 속에서 활용할 수 있는 활동이 포함되었다는 것이 눈에 띄는 특징이다. 또한 신체 활동, 노래 부르기, 그림 그리기 등 다양한 공감각적 활동과 통합하여 한글 학습을 시도했다는 점도 지난 교육과정에 비하여 진일보한 부분이다(김은지, 2017). 효과적인 한글 학습을 위해서는 교과 간 다양한 통합 활동이 필요하다. 이는 학생의 흥미를 높여 주고 의미 있는 학습 경험을 제공해 준다(강동훈, 2013). 다음은 쓰기와 그리기를 통합한 활동, 글자의 짜임 학습을 신체 놀이와 통합한 활동의 예이다.

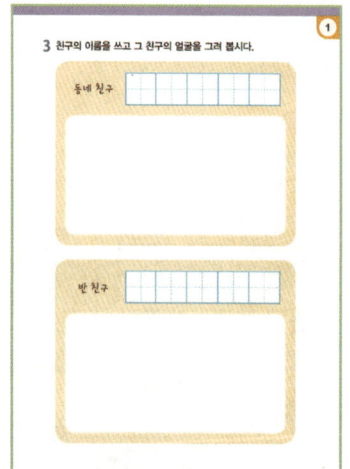 

[그림 13] 타 영역과 통합한 한글 학습 활동(초등 1-1 『국어』)

학습 요소의 제시에서 살펴보았듯이 2015 국어 교과서는 그간 소홀했던 낱자 지식, 음운 지식을 강화하기 위해 자모음 명칭이나 발음 학습을 강화하였다. 기초 언어 능력은 많은 부분 일상에서 습득되므로 개인의 수준에 따라 발음 지도 활동은 자칫 의미 없고 지루한 것이 될 수 있다. 초등학교 국어 교과서는 한글 해득 학습자와 한글 미해득 학습자 모두에게 의미 있고 재미있는 교재가 되어야 한다. 초등학교 저학년 국어 교과서는 균형적 접근법을 반영하는 방식을 지속적으로 고민하고 발전해 나가야 할 것이다.

다. 놀이 중심 학습

이미 한글 해득을 하였거나 학습을 일찍 끝낸 아동을 위해서는 흥미를 지속시킬 수 있는 활동들이 필요하다. 한글 교육이 지루한 학습으로만 인식되지 않도록 2015 국어 교과서에서는 다양한 놀이 활동들을 제시하고 있다. 다음은 받침 있는 글자를 익히기 위한 놀이 활동의 예이다. 놀이로만 끝나지 않고 학습과 충분히 연결되도록 '선택한 받침이 들어 있는 친구 이름이나 물건 이름 써 보기' 활동과 연계하고 있다.

 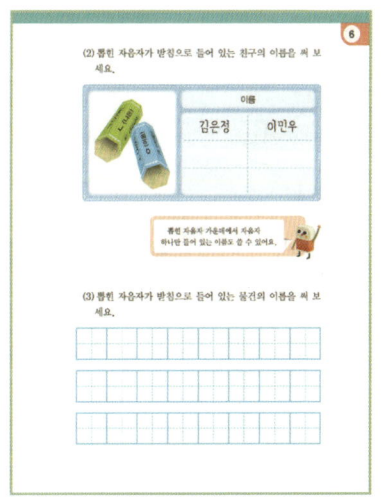

[그림 14] 놀이 중심의 한글 학습 활동(초등 1-2 『국어』)

라. 충분한 반복 학습 제시

기존 교과서에 비하여 학습량이 크게 증가하였으나 학습자에 따라서는 충분하지 않을 수 있다. 한글 해득은 단기간에 성취하기 힘들고 『국어』 교과서에 제시된 학습만으로 도달하기도 어렵다. 이를 보완하기 위해 1학년 보조 교과서인 『국어 활동』은 한글 읽기, 쓰기를 반복 연습할 수 있는 다양한 활동을 제시하고 있다. 이는 한글 미해득 학습자가 스스로 보충 학습을 하도록 하기 위해서이다.

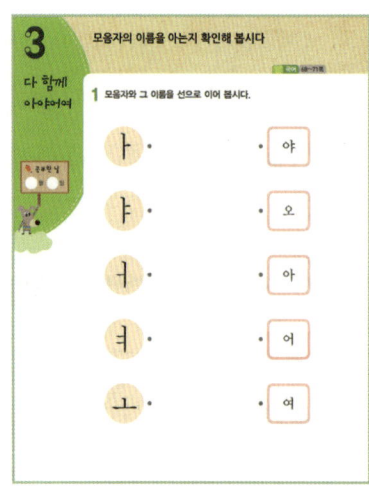 

[그림 15] 반복 연습을 위한 한글 학습 활동(초등 1-1 『국어 활동』)

3부

한글 문해 교육의 진단과 중재

11장 한글 해득, 어떻게 진단할까?
12장 한글 해득 부진 지도, 어떻게 할까?
13장 난독증, 어떻게 지원할까?
14장 한글 문해 교육과 기초 어휘

11장 한글 해득, 어떻게 진단할까?

1 한글 해득 진단의 필요성

초등학교 1, 2학년은 학교에서 공식적으로 한글 문해 교육을 실시하는 시기이다. 한글 문해 교육의 목적은 학생이 문자를 읽고 쓸 수 있는 능력인 한글 해득 능력을 갖추게 하는 것이다(이경화, 2017). 한글 문해 교육은 학생들에게 한글 해득을 위한 지도를 실시하는 것만큼 한글 미해득 학생을 진단하고 적절한 지원 방안을 마련해 주는 것이 중요하다. 왜냐하면 한글 해득의 여부는 단순히 학생이 한글을 사용할 수 있느냐의 수준을 넘어 언어 사용에 대한 자신감, 국어를 포함한 다른 교과의 학습 동기 형성에 영향을 미칠 가능성이 있기 때문이다.

한글 해득 진단의 필요성을 설명하면 다음과 같다. 첫째, 한글 미해득 학생을 조기에 선별할 수 있다. 한글 해득 학습은 미성숙한 학령 초기 학생을 대상으로 하는 기초적인 언어 학습이다. 따라서 학생이 학습을 통해 한글 해득을 적정 수준으로 수행하였는지를 더욱 세밀하게 확인하고 한글 미해득 학생을 조기에 선별해야 한다. 예를 들어, 해당 학생의 한글 해득 정도가 평균 수준에 비해 어느 정도인지 확인할 수 있어야 한다. 그리고 학생의 한글 해득 수준이 세부 요인별로 어떻게 형성되어 있는지도 확인할 수 있어야 한다. 소리와 기호의 대응 수준은 어떠한지, 문자 형상을 인식하는지, 글자의 짜임을 기억하고 이해하는지 등을 살필 수 있어야 한다. 진단을 하는 가장 중요한 이유는 학생의 현재 상태를 정확히 확인하고 그에 알맞은 대처 방안을 제시하기 위함이다. 학생의 한글 해득 수준을 정확히 측정하기 위해서는 환자가 전문 의료 기관인 병원을 찾아가듯, 전문 교육 기관에서 정확성을 인정받은 진단 도구를 통해 조기에 진단이 이루어져야 할 것이다.

    둘째, 한글 미해득 학생별 중재 방안을 강구할 수 있다. 한글 미해득을 진단하는 목적은 진단 결과를 토대로 중재 방안을 마련하기 위해서이다. 한글 해득 진단은 학생이 각 하위 요소별로 부족한 부분이 무엇인지 확인할 수 있게 한다. 가령, 한글 문해 준비도가 부족한 것으로 진단된 학생에게는 하위 학습 요소에 따라 '도형의 위치와 형태 변별' 학습이나 '글자 형태 변별' 학습을 보충 지원할 수 있다. 또, 한글 해득의 전체 수준은 평균 수준이더라도 하위 요소별로 부족한 학생에게는 그에 알맞은 지원을 할 수 있다. 그리고 다른 학습 요소는 평균 이상의 수준을 보이면서도 글자·소리 대응 지식이 부진한 학생에게는 글자·소리 대응 지식과 관련된 하위 학습 요소를 집중적으로 지원해 줄 수 있을 것이다.

    셋째, 학생의 한글 해득 수준 정보를 제공할 수 있다. 학생의 한글 해득 수준을 학생, 교사, 학부모가 정확히 알고 있는 것은 중요하다. 한글 해득 진단은 학생, 교사, 학부모에게 학생의 한글 해득 수준에 대한 평가 요소별 정보를 제공한다. 학생, 교사, 학부모는 제공받은 정보로 한글 해득의 향상 방안을 모색한다. 예를 들어, 학생의 한글 해득 수준 정보를 전달받은 교사는 진단 결과에 따라 한글 해득 관련 지도 내용을 되짚어 보거나 학생의 심화·보충 교육 방안 계획을 수립할 수 있다. 학생은 자신의 한글 해득 수준 정보를 통해 한글 해득과 관련하여 부족한 학습 내용을 스스로 보완할 수 있다. 학부모는 학생이 부족한 부분을 보완하거나 한글 해득 관련 심화 내용을 학습하고자 할 때, 적절한 지원 방향을 생각해 볼 수 있다.

넷째, 학습 부진 학생을 예방할 수 있다. 한글 해득 교육이 중요한 이유는 학령 초기 학생을 대상으로 한 기초 언어 학습이므로, 학생이 적정한 한글 해득 수준을 성취하지 못하면 총체적인 학습 부진으로 빠져들 가능성이 있다는 것이다. 한글 미해득 학생을 적절한 시기에 선별하는 한글 해득 진단이 반드시 필요한 이유이기도 하다. 시의적절하고 정확한 한글 해득 진단은 학습 부진 학생에 대한 맞춤형 학습 지원 기능도 할 수 있지만, 학생이 학습 부진으로 나아가지 않도록 사전에 예방하는 효과도 있다.

다섯째, 난독증, 쓰기 장애 등 집중 지원이 필요한 학생을 조기에 선별할 수 있다. 난독증은 듣고 말하는 데에는 어려움이 없지만 문자를 판독하는 데 어려움을 겪는 읽기 장애의 한 유형이다(특수교육학 용어사전, 2009). 난독증은 경증도 수준부터 중증도 수준까지 증상의 범위가 넓고 다양하다. 따라서 생리·병리학적, 정서적, 교육적 진단과 처치가 동시에 이루어질 필요가 있다. 교육적 진단 측면에서 한글 해득 진단은 난독증 요소 중에서 기초 언어 능력과 관련된 내용을 진단의 보조 수단으로 활용하는 데 효과적일 수 있다. 예를 들어, 문자 판독 관련 하위 학습 요소에서 반복적인 어려움을 겪는 데 반해, 심미적 능력이나 조형 능력 등이 뛰어난 학생은 심도 있는 관찰과 분석이 필요할 것이다. 김동일 외(2008)는 쓰기 장애 학생을 쓰기가 부진한 학생 중에서도 매우 낮은 성취를 보이는 학생으로 구분하였다. 쓰기 장애 학생은 쓰기 표현의 문제가 일상적인 생활 활동을 방해하는 수준의 학생을 말한다. 쓰기 장애 학생 또한 한글 해득 진단을 통해 쓰기 표현 문제를 야기하는 원인을 분석해 볼 수 있을 것이다. 분석 후 부족한 부분이 발견된 한글 해득 관련 하위 학습 요소를 중심으로 보완 학습 방안을 마련할 수 있다.

한글 해득은 제도권 교육의 초입에 선 학령 초기 학생을 대상으로 한다. 한글 해득은 교육 내용도 매우 중요하지만 진단 및 심화·보충 교육도 적절하게 이루어져야 한다.

2. 한글 해득 진단 검사에 대한 현장의 요구

한글 문해 교육에 대한 공교육의 책무성이 점점 강조되고 있다. 하지만 현장에서 사용할 만한 진단 검사 도구는 상대적으로 부족한 실정이다. 이경화(2017)는 한글 해득 진단 도구에 대한 초등교사의 인식 조사를 하였는데 그 내용은 다음과 같다.

가. 진단 도구 활용 실태에 대한 교사의 인식

한글 해득 진단 도구에 대한 필요성은 대부분의 교사가 공감하고 있다. 설문에 참여한 551명 중 89% 이상이 진단 도구가 필요하다고 답하였다(매우 그렇다 - 301명, 그렇다 - 192명). 하지만 90.2%의 교사가 진단 도구를 사용한 경험이 없는 것으로 나타났다. 진단 도구를 사용하지 않은 이유는 '한글 해득 능력 진단 도구가 있는지 몰라서'라는 답변이 76.6%, '적절한 한글 해득 능력 진단 도구가 없어서'라는 답변이 15.2%이었다. 교사들은 한글 해득 진단의 필요성을 인식하고는 있지만 적절한 한글 해득 진단 도구가 부재하여 진단을 하지 못하는 실정이었다.

검사의 적절한 시기는 '초등학교 1학년 3월'이 32.7%로 가장 높았고, '초등학교 1학년 7월(1학기 말)'이 20.3%로 두 번째로 높았다. 그리고 '초등학교 1학년 시기에 수시 검사'가 19.7%로 세 번째로 높게 나타났다. 초등학교 교사들은 한글 해득 진단 검사의 실시 시기를 초등학교 1학년 시기, 즉 공교육에서 한글 문해 교육을 처음 다루는 시기에 실시하는 것이 적절하다고 진단하였다.

진단 도구 활용 시 불편한 점으로는 한글 해득에 필요한 세부 학습 요소에 대한 구체적인 결과 파악이 어렵다는 점을 꼽았다.

진단 실시 시기에 대해서는 초등학교 1학년 3월, 7월 2학기 등 다양하였는데, 한글 교육 책임제에 따르면, 1학기에 한글 학습이 충분히 이루어지고 1학기 말이나 2학기 초에 한글 해득 진단을 하는 것이 바람직하다.

그리고 한글 해득 평가 요소로는 해독, 단어 재인, 음운 인식의 순으로 나타났다. 일부 교사이긴 하지만 기초 문식성 평가 요소인 문장 쓰기, 글 이해, 글쓰기 등 한글 해득 평가 요소가 아닌 것을 한글 해득 평가 요소로 잘못 아는 경우도 있었다.

나. 한글 해득 진단 도구 개발 관련 현장 요구

한글 해득 진단 도구 개발과 관련한 초등학교 교사들의 요구를 정리하면 다음과 같다.

〈표 1〉 초등교사의 한글 해득 진단 도구 개발 요청 사항(이경화, 2017)

항목	세부 내용
표준화 검사 개발	• 한글을 읽고 쓸 수 있는 능력을 모두 진달할 수 있어야 함 • 검사 결과의 신뢰도 확보
검사의 간편성	• 검사의 간소함 • 도구에 대한 접근성 • 채점의 용이성
평가 대상자	• 초등 중학년 이상의 한글 해득, 미해득 학생도 대상에 포함 필요 • 다문화 학생 대상 포함 필요 • 특수교육 대상자들의 제한된 학습 및 생활 경험에 대한 고려 필요

검사 방법	• 음성 지원 필요 • 검사 요강이 명료하고 단순하고 쉬워야 함
진단 도구의 기능	• 평가가 아닌 진단 도구로서만 역할
진단 결과 및 활용 방안 제공	• 진단 검사 결과에 따른 지도 방법 제공 • 검사 결과 해득 능력이 떨어지는 학생을 위한 다양한 유형의 지도 자료 제공 • 한글 미해득의 다양한 원인 파악 • 신뢰할 수 있는 피드백 제공
적용 일반화 및 지원	• 1학년 1학기가 끝난 뒤 교육청에서 일괄 실시 • 한글 해득 검사 비용은 교육부 차원에서 지원 • 일선 학교에 널리 이용될 수 있도록 보급 및 적극적인 홍보 • 검사 시기와 방법에 대한 교원, 학부모 연수

초등 교사들은 우선 한글 해득에 관한 표준화된 검사 도구를 필요로 하고 있음을 알 수 있다. 한글을 읽고 쓸 수 있는 능력을 모두 진단할 수 있어야 하며, 검사 결과의 신뢰도가 확보된 검사 도구를 필요로 한다. 또한 검사의 편의성을 요구하고 있다. 검사 도구에 대한 접근성이 쉽고, 검사 절차가 간소하며, 채점이 용이해야 한다. 그리고 검사 방법도 음성 지원이 되고, 검사 요강이 명료하고 단순하며 쉬운 검사 도구를 요구하고 있는 것이다.

초등 교사들은 검사뿐만 아니라 검사 결과 활용 및 일반화 방안도 고민하고 있다. 진단 검사 결과에 따른 지도 방법을 제공하고, 학생들을 위한 맞춤형 지도 자료를 개발하며, 신뢰할 수 있는 피드백을 제공해 주기를 원한다. 또한 교육청 차원에서 일괄 평가를 실시하거나 한글 해득 검사 비용을 교육부 차원에서 지원하기를 원하는 것으로 나타났다.

이러한 내용을 종합할 때, 교사들은 한글 해득 진단 검사 도구가 신뢰성을 갖추고, 간편하고 쉽게 활용하며, 구체적인 검사 결과를 제공하여 피드백을 할 수 있게 구성되는 것을 원하고 있음을 알 수 있다.

3 한글 해득 진단 검사 도구 고찰

한글 해득을 진단하는 국내외 초기 문해 진단 도구는 다음과 같다.

〈표 2〉 국내외 초기 문해 진단 도구

명칭	개발자	평가 영역	평가 요소	대상
① 기초 학력 검사 (KISE-BATT)	박경숙 외 (2005)	읽기	선수 기능, 음독 능력, 독해 능력	만 5~17세
		쓰기	선수 기능, 표기 기능, 어휘 구사력, 문장 구사력, 글 구성력	
② 기초 학습 기능 수행 평가 체제: 초기 문해 (BASA-EL)	김동일 (2011)	기초 평가	음운 인식, 음운적 작업 기억, 음운적 정보 회상, 단어 인지, 읽기 유창성 (선택)	만 4세 이상
		형성 평가	음운 인식	

명칭	개발자	평가 영역	평가 요소	대상
③ 읽기 성취 및 읽기 인지 처리 능력 검사 (RA-RCP)	김애화 외 (2014)	읽기 성취 검사	단어 인지, 읽기 유창성, 읽기 이해	초1 ~6학년
		읽기 인지 처리 능력 검사	자모 지식, 빠른 자동 이름 대기, 음운 기억, 문장 따라 말하기, 듣기 이해, 어휘	
④ 한국어 읽기 능력 검사 (KOLRA)	배소영 외 (2015)	선별 검사	낱말 유창성, 읽기 설문	초1 ~6학년
		핵심 검사	해독, 읽기 이해, 문단 유창성, 듣기 이해	
		상세 검사	음운 인식 처리 능력(음운 인식, 빠른 이름 대기, 음운 기억 과제와 받아쓰기), 쓰기	
⑤ 기초 학업 기술 평가 (ABAS)	정동영 (2016)	읽기	글자 판별, 단어 재인, 유창성, 표현 이해(단어, 문장, 글)	만 5~ 14세
		쓰기	글씨 쓰기, 철자 쓰기, 이해 표현(단어, 문장, 글)	
⑥ 디벨스[가] (DIBELS)	Kaminski·Good (2001)	글자 명명 하기	낱자를 보고 제한된 시간 내에 그 문자의 이름을 말할 수 있는지 평가	유치원 ~초6 학년
		음소 인지 능력	단어의 첫소리를 구별하여 읽는 유창성 평가(단어를 듣고 그 단어의 첫소리를 구분할 수 있는지 평가)	

명칭	개발자	평가 영역	평가 요소	대상
	Kaminski·Good (2001)	음소 분절 능력	음소 인지 능력 평가	유치원 ~초6 학년
		무의미 단어와 자소·음소 대응 지식	해독 능력(무의미한 단어로 구성된 단어들을 제한된 시간 내에 해독하는지 평가)	
		해독, 유창성, 다시 말하기	해독 능력, 유창성, 이해력 평가(제한된 시간 내에 지문을 읽으면 단어 정확도를 기록한 후, 다시 말하기 과정을 통해 읽은 내용에 대한 이해도 평가)	
		읽으면서 이해할 수 있는 유추 과정 평가 (독해력)	독해력 평가(주어진 지문을 문맥 속에서 이해하고 적절한 어휘 선택이 가능한지 평가)	

7] 미국의 디벨스는 디벨스 next 버전(2001)의 약어로 2001년 미연방 정부의 부진아 없애기(No Child Left Behing) 법안의 시행과 더불어 미국 전역에서 진행된 읽기 강화 프로그램(Reading First)이다. 디벨스(DIBELS: dynamic indicators of basic early literacy skills)는 미국에서 보편적으로 활용되고 있는 진단 도구 중의 하나이다. 이 도구는 미국읽기위원회(NRP)에서 제시하는 음소 인식, 해독, 어휘력, 유창성, 독해력 등 읽기의 필요 요소 5가지를 1분 정도의 짧은 시간을 투여해서 측정할 수 있도록 개발되었다. 이 검사는 뉴치원 학생부터 초등학생까지 학년별로 3회의 검사를 실시한다. 평가 요소가 학년별, 시기별로 나르다는 점이 특징이다. 디벨스는 독해력 평가를 포함하고 있어 '한글 해득 진단 도구'가 아

한글 해득 관련 검사 도구의 한계로는 진단 도구의 접근성에 대한 문제, 검사 도구의 효율성 부족, 한글 해득 검사 목적에 대한 적합성 부족, 검사 해석 및 피드백 부족 등을 들 수 있다.

진단 도구의 초기 구입 비용이 비교적 높은 편이며 주로 학습 부진 아동이나 특수교육 대상 아동의 선별 및 진단을 위해 사용된다는 인식으로 일반 아동의 진단 도구로 활용하기 어렵다는 점에서 진단 도구의 접근성에 문제가 있다.

1:1 개별 검사여서 시간이 많이 걸리고 일반 학생을 대상으로 하는 대단위 검사가 어렵다. 또한 읽기 중심이거나 한글 해득 요소가 아닌 기초 문식성 평가 요소가 포함되어 한글 해득 검사 목적에 대한 정합성이 부족하다. 채점이 주관적이고 학습자가 부족한 영역에 대한 결과와 학습 방향에 대한 피드백이 거의 없는 실정이다.

4 한글 해득 진단 평가 요소

지금까지의 논의와 8장의 '한글 문해 교육 내용'을 기초로 한글 해득 진단 평가 요소를 제시하면 다음과 같다.

니라 '기초 문식성 진단 도구'에 포함된다.

〈표 3〉 한글 해득 평가 구인

평가 구인	세부 평가 요인
① 한글 문해 준비도	• 시지각 변별 • 책의 구성 요소 인식
② 음운 인식 (소리 듣고 구별하기)	• 음운 인식 과제: 수 세기, 합성, 변별, 탈락, 대치, 첨가 등(단어 수준, 음절 수준, 음소 수준) • 음운 단기 기억하기 • 음운 따라 하기
③ 낱자 지식	• 글자의 모양과 이름 알기 • 자모음에 대응하는 소릿값 알기
④ 글자·소리 대응 지식	• 말소리와 낱자 연결하기(소리·글자 대응 지식) • 낱자와 말소리 연결하기(글자·소리 대응 지식) • 글자의 짜임
⑤ 해독 (소리 내어 낱말 읽기)	• 의미 단어 소리 내어 읽기 • 무의미 단어 소리 내어 읽기
⑥ 어휘력	• 한글 해득을 위한 기초 어휘 • 개별 낱말의 이해 • 낱말 사이 관계 알기
⑦ 글자 쓰기	• 낱자 쓰기 • 소리와 글자가 일치하는 낱말 쓰기 • 소리와 글자가 불일치하는 낱말 쓰기 • 자모음 결합 원리
⑧ 유창성 (유창하게 읽기)	• 낱말 유창성 • 문장 유창성

5. 웹(web) 기반 한글 표준화 진단 검사

3절에서 살펴본 다양한 한글 표준화 검사 도구의 문제점을 극복하고 4절의 평가 요소를 반영한 한글 표준화 진단 검사 도구가 개발되었다. 이 검사 도구는 웹 기반으로 설계하여 교사와 학생의 검사 편의성을 높이고 있다.

가. 검사 도구의 특성

웹 기반 한글 표준화 진단 검사 도구는 한국교원대학교 이경화 교수팀과 초등 국어 교과서 발행사인 ㈜미래엔이 함께 만든 것으로 일명 웰리미(Web-based Early Literacy Learning Lee Kyeong Hwa & MiraeN's Hangeul Standard Assessment)로 불린다.

웰리미의 가장 큰 특징은 온라인 상에서 진단이 이루어지기 때문에 여러 학생들이 동시에 검사를 할 수 있다는 점이다. 또한 한글 해득 정도를 정확하게 진단하고 구체적인 정보를 제공하는 국내 유일의 웹 기반 한글 해득 표준화 진단 검사이다. 그리고 안내 영상, 지시문, 신호음 등을 사용하여 사용자가 스스로 구동할 수 있어 대단위 검사가 가능하다.

이 외에도 웹 기반 진단 검사에 스토리텔링을 적용하여 학생의 흥미를 지속적으로 유지하는 점, 사용자 중심의 구성으로 학생, 교사, 학부모의 편의를 동시에 고려했다는 점, 진단 영역별 상세한 평가 정보를 제공한다는 점, 진단 검사 결과에 따른 맞춤형 한글 학습 정보를 안내한다는 점을 특징으로 들 수 있다.

나. 진단 영역

　웰리미의 진단 영역은 앞 절에서 살펴본 한글 해득 진단 평가 요소를 충실히 반영하고 있다. 크게 한글 해득 준비도, 음운 인식, 해독 및 낱말 재인, 문장 청해, 글자 쓰기, 유창성의 여섯 개 영역으로 구성되어 있다. 즉, 〈표 3〉의 한글 해득 진단 평가 요소를 반영하되, 한글 해득 평가 구인 중 ③, ④, ⑤에 해당하는 내용이 해독 및 낱말 재인 영역으로 묶여 있는 것이다. 진단 검사 영역별 개요는 [그림 1]과 같다.

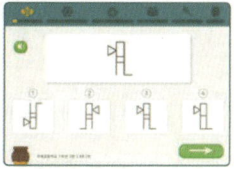

[그림 1] 웰리미 한글 진단 검사 영역별 개요

다. 진단 검사 도구 활용 방법

웰리미 진단 검사는 온라인 상에서 이루어지기 때문에 홈페이지(http://hg.mirae-n.com)에 접속하여 진단 검사를 진행한다.

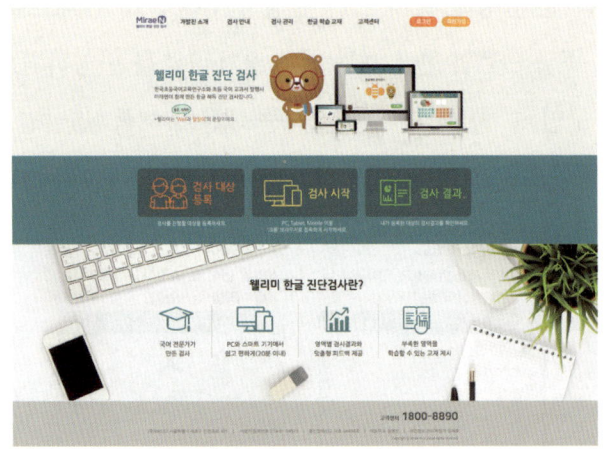

[그림 2] 웰리미 한글 진단 검사 홈페이지 초기 화면

웰리미 진단 검사를 활용하는 방법은 크게 두 가지로 나눌 수 있는데 개인(누구나 이용 가능)이 활용하는 방법과 단체(초등학교 교사)가 활용하는 방법이다. 개인이 활용할 때는 '회원 가입-검사 대상 등록-URL/인증 번호 발급-검사-결과 확인'의 과정을 거치면 되고, 단체가 활용할 때는 '회원 가입(교사 인증)-검사 대상 등록-URL/인증 번호 발급-검사-결과 확인'의 과정을 거친다. 개인 검사와 단체 검사의 가장 큰 차이는 교사 인증을 거친다는 점과 여러 명이 동시에 진단을 할 수 있다는 점이다. 검사 과정을 구조화하면 [그림 3]과 같다.

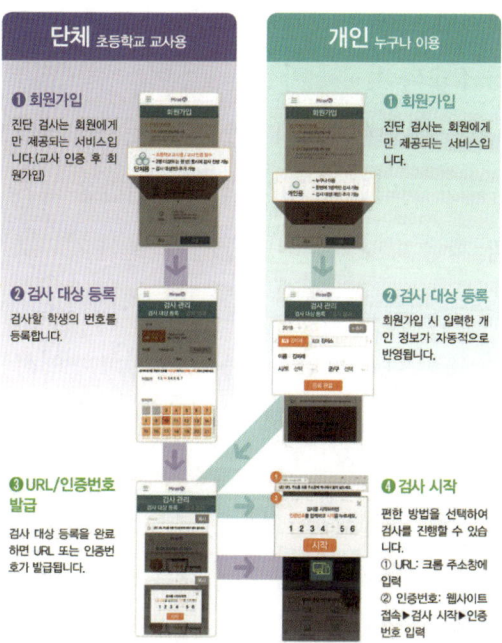

[그림 3] 웰리미 한글 진단 검사 도구 활용 방법

라. 검사 결과 확인 및 맞춤형 지도

 진단 검사를 마치고 나면 검사 결과의 확인이 필요하다. 진단 검사를 하는 까닭이 학생의 실태를 정확하게 파악하고 그에 따른 맞춤형 지도를 제공하기 위함이므로 검사 결과 또한 정확한 정보를 제공해 주어야 한다.

 웰리미 한글 해득 진단 검사의 경우 검사를 하고 나면 바로 검사 결과를 살펴볼 수 있다. 검사 결과는 크게 개인별 총점 및 영역별 점수를 제공하고, 각 영역의 세부 요소별 진단 결과를 제공한다. 개인별 총점과 영역별 점수는 그래프를 통해 한 눈에 볼 수 있게 제공하고, 평가 기준 점수와 비교해 피검사자가 어느 정도 성취를 이루었는지 상, 중, 하로 구분하여 제시하고 있어, 피검자가 잘하는 영역과 부족한 영역을 쉽게 파악할 수 있다. 영역별 진단은 각 영역별로 점수와 분석 결과, 학습 방향을 각각 제공한다. 분석 결과로 영역 내에서 구체적으로 어떤 능력을 갖추고 있는지, 어떤 능력이 부족한지를 파악할 수 있다. 또한 학습 방향을 제시하여 영역 내에서 학습자가 부족한 부분을 신장할 수 있도록 도움을 준다.

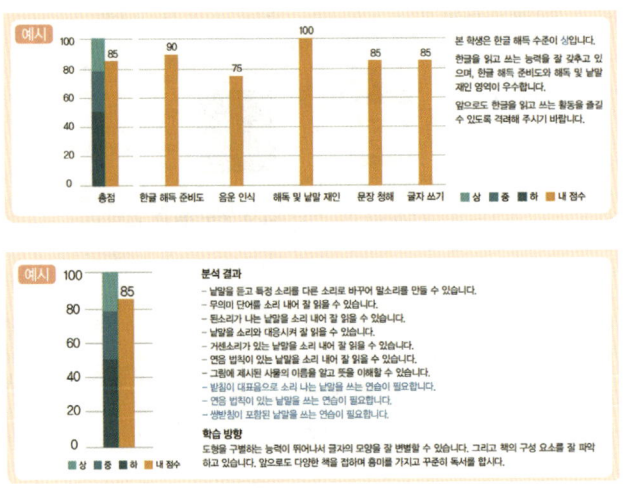

[그림 4] 웰리미 한글 해득 진단 검사 결과지

진단 검사로 학습자의 강점, 약점이 분석되면, 부족한 부분을 채울 수 있는 학습 과정을 설계해야 한다. [그림 4]에서 보듯이 검사 결과지에 부족한 부분과 그에 대한 학습 방향을 제시하고 있기 때문에 이를 바탕으로 필요한 자료를 제공하여 한글 해득을 도울 수 있다.

웰리미 한글 해득 진단 검사는 한글 해득 진단 평가 요소를 기초로 개발하였기 때문에 보충 지도 자료 역시 한글 해득 진단 평가 요소별로 제공하는 것이 적절하다. 보충 지도 자료는 교사가 다양한 자료를 활용하여 제공하는 것도 좋으나 한글 해득 진단 검사 도구와 연계된 한글 학습 교재를 활용하는 것도 고려할 만하다.

웰리미 한글 해득 진단 검사 도구가 한글 해득 진단 평가 요소를 반영하여 진단을 하는 것이라면 『반달이와 떠나는 한글 여행』은 한글 해득 진단 평가 요소를 반영한 한글 학습 교재로 볼 수 있다. 전체 5권으로 구성된 이 자료는 국어과 교육과정과 학습자 특성을 반영하여 체계적이고 세분화된 학습 요소를 반복 학습을 통해 익힐 수 있게 되어 있다. QR 코드를 사용하여 학습자 스스로 공부할 수 있고, 다양한 부록(붙임 딱지)이 함께 들어 있어 학습 동기를 지속적으로 유지하게 한다. 이 자료의 경우 웰리미 한글 해득 진단 검사와 함께 사용해도 좋지만 진단 검사와 관계없이 한글 학습 교재로 사용해도 좋은 자료이다.

[그림 5] 반달이와 떠나는 한글 여행 1~5권

12장 한글 해득 부진 지도, 어떻게 할까?

한글 해득 진단의 목적은 학생의 한글 해득 수준을 확인하고 부진아를 구제하는 것이다. 한글 해득 부진아는 진단 결과에 따라 효과적으로 지도하는 것이 중요하다. 교사는 한글 해득 부진 원인에 따라 적절한 중재(intervention) 전략을 제공해야 한다. 이 장에서는 한글 해득 부진의 판별과 지도 원리, 중재 방법을 살펴보겠다.

1 한글 해득 부진의 판별

한글 해득 부진의 판별 기준은 진단 도구별로 제시한 평가 구인에 의해 결정된다. 한글 해득 부진 판별을 위한 진단 도구들은 각 검사 도구에 맞는 부진 판별 기준을 마련한다. 그리고 진단 도구별 평가 구인과 세부 평가 요인의 성취 수준에 따라 학생의 한글 해득 수준을 결정한다. 한글 해득 부진 판별 결과는 학생의 평가 요인별 강점과 약점 정보를 얻는 데 도움이 된다.

진단 검사별 판별 기준 설정은 진단 검사 도구를 마련할 때 설계한다. 김동일(2011)의 '기초 학습 기능 수행 평가 체제: 초기 문해(BASA-EL)'는 원 점수, 백분위 점수, T 점수, 학년 점수를 고려하여 학생의 한글 해득 수준을 학생의 백분위 점수 결과를 토대로 5단계로 구분한다. 그중 5% 이하의 점수를 획득한 5단계 학생은 '전반적이고 지속적인 읽기 지도가 필요한' 수준으로, 5% 초과 15% 이하의 점수를 획득한 4단계 학생은 '기초 읽기 능력 향상을 위한 지도가 필요한' 수준으로 판별한다.

배소영 외(2015)의 개발한 '한국어 읽기 능력 검사(KOLRA)'는 읽기 주요 영역 평가와 학년별 백분위수, 표준 점수 등을 통해 부진 학생을 판별한다. 예를 들어, 상세 검사의 경우 '음운 인식, 빠른 이름 대기, 음운 기억 과제와 받아쓰기, 주제 글쓰기 과제' 등에 대한 하위 25% 학생을 판별 기준으로 삼고 있다.

2 한글 해득 부진의 지도 원리

한글 해득은 학령기 학생의 학업 성취 수준에 영향을 미치는 언어 학습 능력 중의 하나이다. 한글 해득 부진은 적절한 중재 방안을 통해 지도할 필요가 있다. 한글 해득 부진 지도는 한글 해득 학습의 특성, 학령 초기 학생의 특성 등을 종합적으로 고려해야 한다. 한글 해득 부진 지도는 나선형으로 진행된다. 한글 해득 부진 지도 원리를 살펴보면 다음과 같다.

가. 반복의 원리

한글 해득 부진은 기초 읽기, 기초 쓰기와 관련된 기본적인 개념이 부족하거나 기본적인 어휘 습득 능력이 떨어지는 경우에 발생한다. 언어에 대한 개념 이해가 부족하거나 어휘 습득 능력이 떨어지는 것은 언어에 대한 노출 빈도가 적거나 이해나 습득의 학습 기회가 부족하여 생기는 경우이다. 따라서 반복적인 학습 기회를 제공함으로써 한글 해득 부진을 해결할 수 있을 것이다.

- 언어 개념과 어휘 학습을 반복해서 실시한다.

한글 해득 부진 학생은 한글 해득 학습에서 다루는 기본적인 언어에 대한 개념이 부족하고 기본 어휘에 대한 습득력도 충분하지 못하다. 따라서 한글 해득 부진 학생을 지도할 때는 기본적인 언어 개념과 어휘 습득을 위한 반복 학습이 필요하다. 한글 해득 부진은 기본 언어 개념이나 기본 어휘에 대한 노출 빈도가 낮을 때에 발생하는 경우가 있고 이해 정도가 낮아서 생기는 경우도 있다. 기본적인 언어에 대한 개념과 어휘를 반복적으로 학습하고 이해를 위한 교사나 학부모의 비계가 원활히 작용할 때 한글 해득 부진을 개선할 수 있을 것이다. 이를 위해서는 이경화(2017)에서 밝힌 바와 같이 한글 문해 기초 어휘 연구가 이루어져야 한다.

- 한글 해득 연습 기회를 충분히 제공한다.

한글 해득은 관련된 지식이나 기능을 학생이 주도적으로 인지하고 익혀야 한다. 학생 스스로 한글 해득 방법을 이해하고, 다양한 언어 활용 장면에서 적용할 수 있어야 한다. 따라서 한글 해득 관련 지식이나 기능을 학생에서 제공하는 것에 그치지 않고 반복적인 활동 및 연습을 할 수 있도록 학습을 구성한다. 학생은 반복적인 활동 및 연습 기회를 통해 한글 해득에 대한 원리와 방법을 스스로 깨칠 수 있을 것이다.

나. 교사의 시범 보이기의 원리

한글 해득에 어려움을 겪는 학생에게는 적극적이고 구체적인 지원이 필요하다. 학습에 대한 안내가 구체적으로 이루어지고 학습 방법도 명시적으로 제시되어야 한다. 특히, 한글 문해 교육이 교수자나 학습자 모두 동일한 모국어를 사용하는 환경이라면 한글 사용 방법을 구체적 시범을 통해 학생에게 전달하기 용이하다.

- 교사나 학부모의 모델링을 꾸준히 제공한다.

교사나 학부모의 모델링(modeling)은 학령 초기 학생이 언어 학습을 하는 데 중요한 역할을 한다. 학생은 교사나 학부모의 읽기, 쓰기 과정을 관찰하면서 한글 해득의 원리와 방법을 습득할 수 있다. 한글 해득과 관련된 시범을 보일 때는 사고 구술이나 질문 전략을 적절히 활용하여 학생의 학습 동기가 꾸준히 유지될 수 있게 한다.

다. 세분화의 원리

한글 해득 부진은 총체적인 부진에 의한 경우도 있지만 세부적인 한글 해득 요인에 의해 발생하는 경우가 있다. 한글 해득 진단 도구를 활용하여 학생의 한글 해득 수준을 세부 평가 요인별로 시행하는 이유도 세부적인 부진 원인을 진단하고 적절한 중재 방안을 제시하기 위함이다. 그리고 개별 학생의 세부 요인별 한글 해득 성취 수준에 맞는 학습이 필요하다.

> • 평가 요인별 보충 학습 기회를 제공한다.

진단 평가는 대개 평가 요인과 세부 평가 요인을 갖추고 있다. 한글 미해득의 판별은 세부 평가 요인의 성취 수준에 의해 결정된다. 성취 수준이 낮은 평가 요인은 보충 학습의 명시적인 대상이다. 따라서 학생의 세부 평가 요인별 성취 수준을 고려하여 한글 해득 학습을 개별적으로 실시할 필요가 있다.

라. 확장의 원리

학생이 학습을 통해 습득한 한글 해득 지식과 기능을 다양한 상황에서 활용하기 위해서는 한글 해득 능력을 확장해야 한다. 한글 해득 능력의 확장은 학습 내용의 인지적 확장과 학습 범위의 공간적 확장으로 구분할 수 있다. 확장 학습은 학생이 습득한 한글 해득 지식과 기능을 다양한 상황에서 활용하는 데 도움이 된다.

> • 선행 한글 해득 학습 내용을 연결하여 지도한다.

한글 해득 부진을 해결하기 위해서는 이전 단계의 한글 해득 학습과 다음 단계의 한글 해득 학습을 연결하여 지도할 필요가 있다. 가령, 음운 인식과 글자·소리 대응 지식을 개별적으로 지도하지 않고 연결해서 지도할 수 있다. 학생은 선행 학습의 연계 지도를 통해 이

전에 이해한 기초 개념에 대해 되돌아볼 수 있고 새로운 개념을 이전에 익힌 개념을 바탕으로 이해할 수 있다.

> ● 실생활 중심의 낱말을 사용하여 지도한다.

한글 해득 부진 지도를 위해서는 한글 해득 학습에 사용되는 낱말을 주의 깊게 선정해야 한다. 먼저, 학생의 수준에 맞는 어휘를 선정해야 한다. 한글 해득 수준이 낮은 학생은 쉬운 어휘에서 시작하여 점차 수준이 높은 어휘를 제시해야 한다. 그리고 가급적 실생활 중심의 낱말을 사용해야 한다. 언어 학습은 대개 교실 수업에서 시작하여 실생활로 확장되는 경향이 있다. 한글 해득 부진 학생을 위한 지도도 실생활에서 원활히 한글 사용을 하는 것을 목적으로 한다. 따라서 실생활 중심의 낱말로 한글 해득 부진 지도를 하는 것이 효과적이다.

마. 내면화의 원리

한글 해득 부진을 해결하기 위해서는 학생이 한글 해득의 일반적인 원칙을 내면화할 수 있어야 한다. 왜냐하면 학생이 주체적으로 한글을 사용할 수 있을 때에 비로소 한글이 해득되었다고 생각할 수 있기 때문이다. 이를 위해 한글 해득 부진 지도에서는 학생이 자신만의 한글 사용 방식을 정립할 수 있도록 지원해 주어야 한다.

> ● 성공적인 한글 해득 경험을 제공한다.

한글 해득 부진을 겪는 학생은 한글 해득 학습 효능감이 낮은 경우가 많다. 한글 해득 부진 학생은 성공적인 한글 해득 경험을 통해 학습 효능감을 높일 수 있고 자신만의 한글 해득 방식을 내면화할 수 있다. 성공적인 한글 해득 경험은 한글 해득 전반에 관한 경험일 수도 있고 상대적으로 부진한 요소별 성공 경험일 수도 있다. 학생이 성공적인 한글 해득 경험을 통해 자신만의 한글 해득 방식을 내면화하기 위해서는 교사와 학부모가 칭찬과 격려를 아끼지 않는 허용적인 분위기를 형성해 주는 것이 중요하다.

> • 자신만의 한글 해득 방식을 익히도록 한다.

학생이 학령기에 맞는 한글 해득 수준을 얻기 위해서는 자신만의 한글 해득 방식을 익혀야 한다. 교사는 학생들이 자신의 한글 해득 과정을 돌아보고 한글 해득 방식을 이해하도록 지도해야 한다. 한글 해득 과정을 되돌아보기 위해서는 자기 질문 전략을 활용할 수도 있고 동료와의 대화를 통해 점검해 볼 수 있다. 학생이 자신만의 한글 해득 방식을 내면화하면 비로소 한글 해득이 되었다고 볼 수 있을 것이다.

3   한글 해득 부진 중재 방법

한글 해득 부진 학생의 중재는 한글 문해 교육의 영역별로 시행하는 것이 바람직하다. 신뢰도와 타당성을 확보한 검사 도구를 통해 영역별 성취 정도를 확인한 후 부진한 영역을 중심으로 학생에게 중재를 실시할 수 있다. 여기서는 한글 문해 교육의 영역별 중재 방법을 살펴보겠다.

〈표 1〉 한글 문해 교육의 영역별 부진 유형과 중재 방안

영역	부진 유형	중재 방안
한글 문해 준비도	도형의 위치 및 형태 변별의 어려움	도형 위치, 모양 인식 지도
	글자 형태 변별의 어려움	자모음자의 형태 인식 지도
	선 긋기가 바르지 않음	연필을 바르게 잡고 선 긋기 지도
	글자 크기와 간격 조절의 어려움	글자의 모양, 크기, 간격을 조절하는 방법 지도
	책 표지 및 읽기 방향 인식의 어려움	책 표지의 요소 및 읽기 방향 지도
음운 인식 (소리 듣고 구별하기)	음소 수준의 인식 어려움	소리 듣고 음소 구분하기 지도
	음절 수준의 인식 어려움	소리 듣고 음절 구분하기 지도
	낱말 수준의 인식 어려움	소리 듣고 낱말 구분하기 지도
	음운 단기 기억의 어려움	물건, 색깔 이름 등 음운 단어 기억하기 지도
	음운 따라 말하기의 어려움	낱말 따라 말하기 지도
낱자 지식	자음자와 모음자의 모양을 구분하지 못함	자음자와 모음자의 모양 지도
	자음자와 모음자의 이름을 헷갈려 함	자음자와 모음자의 이름 지도

영역	부진 유형	중재 방안
글자·소리 대응 지식	자음자에 대응하는 소릿값을 알지 못함	자음자와 소릿값의 대응 지도
	모음자에 대응하는 소릿값을 알지 못함	모음자와 소릿값의 대응 지도
	말소리와 낱자를 연결하지 못함	말소리와 낱자의 연결 지도
	낱자와 말소리를 연결하지 못함	낱자와 말소리의 연결 지도
	글자를 짜임에 맞게 쓰지 않음	초성, 중성, 종성의 위치와 쓰임 지도
해독 (소리 내어 낱말 읽기)	의미 낱말 소리 내어 읽기를 못 함	낱자의 소릿값을 생각하며 낱말을 소리 내어 읽기 지도
	무의미 낱말 소리 내어 읽기를 못 함	
어휘력	개별 낱말의 의미를 정확히 알지 못함	이야기 읽고 낱말의 뜻 생각하기 지도
	낱말들 사이의 관계(반의어, 유의어, 상하위어 등)를 정확히 파악하지 못함	낱말들 사이의 관계를 나타내는 그림을 활용한 어휘 지도
글자 쓰기	글자 모양을 정확하게 쓰지 않음	글자의 모양 알기 지도
	낱자를 필순에 맞게 쓰지 않음	낱자의 필순 알기 지도

영역	부진 유형	중재 방안
글자 쓰기	낱자 따라 쓰기의 어려움	낱자를 베껴 쓰고, 보고 쓰기
	낱말 따라 쓰기의 어려움	낱말을 베껴 쓰고, 보고 쓰기
	소리와 글자를 대응하여 낱말 쓰기의 어려움	낱말을 구성하는 낱자와 말소리 연결하기 지도
유창성 (유창하게 읽기)	낱말을 유창하게 읽기가 어려움	반복하여 소리 내어 읽기 지도
	문장을 유창하게 읽기가 어려움	문장의 뜻을 생각하며 읽기

한글 문해 준비도는 시각적인 감각을 통해 입력된 정보에서 유용한 의미를 구분해 내는 활동을 말한다. 시각 정보에서 의미를 변별하지 못할 경우 부진이 발생할 수 있다. 가령, 도형의 위치 및 형태, 글자의 형태를 변별하지 못하게 된다. 학생이 도형의 위치 및 형태를 변별하지 못할 경우에는 도형 위치 및 모양의 인식 지도를 수행해야 한다. 틀린 모양 찾기, 도형 따라 그리기 등의 활동을 통해 지도할 수 있다. 글자의 형태를 변별하지 못하는 부진의 경우에는 자모음자의 형태를 인식하는 지도가 필요하다. 쓰기와 관련된 한글 문해 준비도에서 부진을 겪을 경우에는 연필을 바르게 잡고 선 긋기 지도와 글자의 모양, 크기, 간격을 조절하는 방법 익히기 지도가 효과적이다. 책 표지 및 읽기 방향 인식의 어려움을 겪는 때는 책 표지의 요소 및 읽기 방향에 대한 지도를 할 필요가 있다.

음운 인식은 낱어의 소리를 듣고 정확하게 구별하는 능력을 말한다. 음운 인식 영역의 부진 학생에 대한 지도는 음소, 음절, 낱말 수준을 구분하여 실시한다. 다양한 음소, 음절, 낱말의 소리를 듣고 구분하는 활동을 할 수 있다. 음운 단기 기억을 어려워하는 경우에는 초등 1~2학년 교과서에 제시된 물건, 색깔 이름, 자모음 이름 등을 중심으로 제시된 음운 단어를 기억하는 지도 활동이 가능하다. 기억 작용의 확인은 수 세기, 변별, 탈락, 합성, 대치의 구분으로 파악할 수 있다. 음운 따라 말하기를 어려워하는 경우에는 음운이 같은 낱말 따라 말하기, 낱말 이어 말하기 활동 지도를 할 수 있다. 음운 인식 지도를 할 때는 노명완(2010)이 밝힌 바와 같이 '기본 음절표'가 중요한 자료가 된다.

낱자 지식은 자음과 모음 낱자의 모양을 변별하고 자모음 낱자의 이름과 소릿값을 대응할 수 있는 지식이다. 낱자 지식이 부족한 경우에는 자음자와 모음자의 모양 지도, 자음자와 모음자의 이름 지도를 할 수 있다. 김애화 외(2011)의 검사 도구에서 활용한 것과 같이 학생들에게 익숙한 낱말을 중심으로 낱말 속 낱자 구분하기, 이름 말하기 등을 심화 활동으로 활용할 수 있다.

글자·소리 대응 지식은 낱자와 말소리의 연결 시 따르는 일정한 규칙을 일컫는다. 글자·소리 대응 지식이 부진할 경우에는 자음자, 모음자와 소릿값 대응 지도, 말소리와 낱자 연결하기 지도, 낱자와 말소리 연결하기 지도를 해야 한다. 글자를 짜임에 맞게 쓰기가 어려울 경우에는 글자의 초성, 중성, 종성의 위치와 쓰임을 지도해야 한다.

해독은 인쇄된 글자를 말소리로 전환하는 능력이다. 낱말을 소리 내어 정확하게 읽을 수 있는 능력을 말한다. 해독 부진을 개선하기 위한 지도 방법은 낱말을 소리 내어 읽기이다. 낱자의 소릿값을 생각하며 의미 낱말과 무의미 낱말을 빠르게 소리 내어 읽는다. 깁슨과 게쉬윈트(Gibson & Geschwind, 1972)가 제시한 빠른 이름 대기 연습(Rapid Automatized Naming)도 유용하다.[8]

어휘력은 단어 재인과 글자 쓰기를 위해 필수적이다. 어휘력이 부진한 학생에게는 이야기를 읽고 특정 낱말의 뜻을 생각하기 지도, 낱말 카드를 활용하여 뜻과 형태 구분하기 지도 등이 유용하다. 학생이 낱말들 사이의 관계를 정확하게 파악하지 못할 경우에는 그림 등을 활용하여 낱말들 사이의 관계를 확인하게 하는 지도가 필요하다.

글자 쓰기는 음성 언어를 문자로 기록하고 낱말의 의미를 알고 쓰는 능력을 말한다. 부진 유형에 따라 글자의 모양 알기 지도, 낱자의 필순 알기 지도가 필요하다. 그리고 낱자나 낱말 따라 쓰기를 어려워할 경우에는 낱자나 낱말을 베껴 쓰고, 보고 써 보게 하는 활동이 도움이 된다. 소리와 글자를 대응하여 낱말 쓰기를 어려워할 경우에는 낱말을 구성하는 낱자와 말소리를 연결하는 활동이 유용하다.

유창성은 읽기 유창성을 중심으로 지도한다. 읽기 유창성은 낱말 유창성과 문장 유창성으로 구분할 수 있다. 읽기 유창성 지도 방법은 반복하여 소리 내어 읽기 지도, 문장의 뜻을 생각하며 읽기가 효과적이다. 반복해서 글 읽기(Repeated reading)는 텍스트 읽기를 반복함

---

8) 빠른 이름 대기 연습(Rapid Automatized Naming)은 아동에게 친숙한 색상, 사물, 숫자, 글자 이름을 가능한 빨리 말하게 하는 것이다(장유경, 2015).

으로써 낱말 수준뿐만 아니라 언어 구조 수준도 통합적으로 연습이 가능하다(Moyer, 1982; 윤준채·송영복, 2010 재인용). 문장의 뜻을 생각하며 읽기는 문장의 뜻을 낱말, 문맥, 배경 그림 등을 통해 생각하며 읽어 보는 활동을 말한다.

13장 난독증, 어떻게 지원할까?

최근 난독증에 대한 관심이 높아지고 있다. 하지만 난독증에 대한 이해 부족으로 난독증을 겪는 학생들이 충분한 교육적 지원을 받지 못하고 있다. 그리고 교육 현장의 교사들이 실질적으로 진단하고 지도할 만한 교육 프로그램도 충분히 마련되어 있지 않은 실정이다. 이 장에서는 난독증을 이해하고 교육적 지원 방안을 모색해 보기 위해 난독증의 개념, 난독증의 진단과 지원 방향을 살펴보겠다.

1 난독증의 이해

가. 난독증의 개념

[그림 1] 난독증 학생의 변화 과정을 보여준 영화

난독증을 이해하는 데 도움이 되는 영화 한 편을 소개하면 [그림 1]과 같다. '지상의 별처럼'은 인도 영화(2007년)로 난독증을 겪는 학생과 난독증에 대한 이해를 바탕으로 학생을 변화시켜 가는 선생님의 이야기이다. 난독증을 겪고 있는 주인공 이샨은 미술에 소질이 있지만, 학교 수업에 적응하지 못한다. 이 때 새로 부임한 미술 교사인 램 니쿰브(아미르 칸) 선생님을 만나며 조금씩 자신의 가능성을 발견하게 된다.

난독증은 'dys-'와 'lexia'가 결합된 용어이다. 'dys-'는 결핍, 장애, 곤란을 뜻하는 용어이고, 'lexia'는 낱말, 문장 등 읽기의 최소 단위를 뜻하는 용어이다. 어원적 의미는 낱말이나 문장을 정확하게 읽거나 인지하지 못하는 증상을 나타내고 있다. 낱말이나 문장을 정확하게 읽지 못하는 경우는 증상을 가진 학생에 따라 매우 다양하다. 난독증의 정의 또한 난독증을 바라보는 관점이나 수준에 따라 차이가 있다. 대표적인 난독증의 정의를 살펴보면 다음과 같다.

난독증(dyslexia)이라는 용어를 처음 사용한 것으로 알려진 베린(Berlin, 1887)은 뇌 손상의 정도에 따라 난독증을 정의하였다. 뇌 손상이 전체적으로 있어 글을 해독하는 데 장애가 있는 증상을 실독증(alexia)이라 하였고, 뇌 손상이 부분적으로 있어 글을 해독하는 데 상당한 어려움을 겪는 증상을 난독증이라고 구분하였다(Shaywitz, 2003; 김윤옥 외 2015에서 재인용). 이 연구는 의학적인 측면에서 글을 해독하지 못하는 현상의 원인을 파악하고 치료 방안을 마련하고자 접근하였다. 이후에도 선천적, 후천적 병인에 의한 난독증, 신경병리학적 측면에서의 난독증 등 다양한 연구가 지속적으로 진행되고 있다.

국제난독증협회(2002)는 난독증을 다음과 같이 정의하였다.

난독증은 신경생물학적 원인에 의한 특수 학습 장애이다. 난독증은 단어 재인이 정확하지 않거나 유창하지 않고 철자 쓰기와 해독 능력이 떨어지는 특징이 있다. 난독증은 언어의 음운론적 요소의 결핍으로 발생하고 다른 인지 능력의 형성이나 다른 수업의 진행에 방해 요소로 작용한다. 또, 독해의 문제로 인해 어휘력과 배경지식 형성을 방해할 수 있다.

국제난독증협회는 난독증의 원인을 신경생물학적으로 보았다. 이는 베린의 연구와 일치한다. 그리고 난독증의 특징으로 단어 재인의 장애, 철자 쓰기 능력과 해독 능력의 부족을 제시하였다. 문자 기호인 낱말을 소리로 변환하지 못하거나 소리로 된 낱말을 듣고 철자로 쓰지 못하는 것이 난독증을 구분하는 특징이며, 이것이 개인의 신경생리학적 병인에 의해 영향을 받는다는 것이다. 또, 난독증은 다른 인지 능력의 형성이나 수업 참여에 방해 요소가 되어 개인의 정상적인 성장을 저해하는 작용을 할 수 있다.

『특수교육학 용어사전』(2009)에서는 난독증을 다음과 같이 정의하였다.

난독증은 듣고 말하는 데에는 어려움이 없지만 문자를 판독하는 데에 어려움을 겪는 읽기 장애의 한 유형이다. 이 증상을 가진 대다수의 아동들은 낱말에서 말의 최소 단위인 음소를 잘 구분하지 못한다. 어느 언어권에서나 난독증을 지닌 아동이 생길 수 있지만 비교적 발음 체계가 복잡한 영어권에서 많이 발생하는 경향이 있다.

『특수교육학 용어사전』에서는 난독증을 '듣고 말하는 기능에는 문제가 없지만 문자 언어를 판독하고 읽는 데 어려움을 겪는 장애'라고 규정하였다. 난독증의 원인을 문자 언어의 발음 체계 특징으로 제시한 것도 주목할 만하다.

지금까지의 논의를 종합해 보면, 난독증은 듣고 말하는 능력은 성상임에도 문자 언어를 소리 언어로 변환하는 능력이 부족하여 단어 재인, 철자 쓰기, 해독 능력이 정상 수준에 비해 현저히 떨어지는 증상을 말한다. 난독증의 원인은 신경병리학적 문제, 문자의 발음 체계의 복잡성 등에 기인하며, 난독증을 겪는 아동은 언어 기반 인지 능력을 요구하는 다양한 학습 상황에서 곤란을 겪을 가능성이 매우 크다. 따라서 교사, 학부모 등 난독증 학생의 학습 지원 주체들은 난독증에 대한 개념을 정확히 이해하고, 난독증 학생의 특성에 맞는 지원 방안을 마련할 필요가 있다.

나. 난독증의 특징

난독증을 겪는 학생을 조기에 선별하고 진단하여 효율적인 중재를 하기 위해서는 난독증의 특징을 파악하고 있어야 한다. 샌더스(Sanders, 2001)는 난독증의 특징을 다음과 같이 제시하였다.

- 난독증은 신경학적 문제로 글자 인식에 어려움이 있는 상태이며, 단어 확인에 필요한 하나 이상의 인지적 기술이 취약한 것에서 기인한다.
- 난독증은 지능이나 다른 특정한 정신적 또는 정서적 특성과는 상관이 없다.
- 난독증은 해독과 관련된 인지적 기술이 얼마나 많이, 얼마나 심하게 영향을 받는지에 따라 경도에서 중도까지 정도의 차이가 있다.

샌더스(Sanders, 2001)는 난독증은 글자를 인식하는 데 어려움이 있으며 특정한 정신적, 정서적 장애와는 구분된다고 보았다. 그리고 난독증의 증상 정도는 경도에서 중도까지 다양하고 하위 요소별 강점과 약점도 차이가 있다고 보았다.

세계보건기구(WHO)는 난독증의 특징을 다음과 같이 제시하였다 (Marshall, 2008).

- 독서 장애를 겪는 사람의 지적 수준은 일정 기준 안에 있다(지능지수가 통상 85~115 사이).
- 읽기 수준이 또래 아동이나 같은 학년의 아동들과 현저한 차이가 나야 한다. 특히 적절한 테스트를 거쳐 읽기 수준을 판별하였을 때, 그 나이나 학년의 표준 편차에서 2단계 이하이다.
- 독서 장애를 겪는 사람들은 독서 장애를 간접적으로 불러올 수 있는 다른 신경 장애나 감각 장애가 없다.
- 독서 장애는 적합한 학교 교육과 구체적인 특수교육을 받아도 지속적으로 나타난다.
- 독서 장애는 학교 교육이나 읽고 쓰기가 요청되는 사회 활동에서도 드러나야 한다.

세계보건기구는 난독증의 특징을 일정 수준 이상의 지적 수준을 가졌음에도 읽기 수준이 또래 아동에 비해 현저히 떨어지는 증상으로 보았다.

김용욱 외(2015)에서는 선행 연구를 토대로 발달 단계별 난독증 증상을 다음과 같이 제시하였다.

〈표 1〉 난독증의 발달 단계별 증상(김용욱 외, 2015)

단계	증상
취학 전과 유치원	• 단어의 정확한 발음이 어려움 • 언어와 어휘 발달에서의 지체 • 한글의 자모음과 숫자 및 요일 등의 순서 말하기가 어려움 • 그림이나 대상(색깔, 모양, 유사한 물건, 동물)에 대한 빠른 이름 대기가 어려움 • 새로운 단어 배우기가 어려움 • 친구의 이름 기억하기가 어려움 • 단어 배우기의 어려움 및 책 내용을 순서대로 이야기하기가 어려움
초등학교 저학년 (1~3학년)	• 문자-소리 간의 관계 학습 속도가 느림 • 문자의 반전 또는 전도, 단어 발음에 있어 체계적인 접근 부족 • 단어 읽기의 어려움 • 듣기 이해는 비교적 잘 하나 읽기 이해에는 문제가 있음 • 이해하기보다는 무조건 암기하려고 함 • 읽기 과제에 좌절함
초등학교 고학년 (4~6학년)	• 미숙한 해독 기술 • 미숙한 시각 단어 • 미숙한 음독 능력 및 유창성 부족 • 철자법 전략 학습에서의 어려움(어근, 접두사, 철자 패턴 등) • 구어적으로 자기 표현은 우수하나 쓰기는 그렇지 못함

단계	증상
고등학교 이상	• 미숙한 철자법 • 미숙한 작문 능력 • 읽기 또는 쓰기 과제의 회피 • 정보에 대해 부정확하게 읽기 • 요약하기의 곤란 • 미숙한 기억 기술 • 읽기와 쓰기가 요구되는 수업에서 수행의 어려움 • 읽기 후 과도하게 피곤해함 • 독서 회피 및 외국어 학습에서의 어려움

김용욱 외(2015)에서는 학령기 또래 학생 수준을 고려하여 난독증의 증상 특징을 구분한 것으로 보인다. 난독증을 겪는 학생은 한글 해득의 하위 수준과 연관되어 곤란을 겪음을 확인할 수 있다.

종합해 보면, 난독증은 일정 수준 이상의 지능을 가진 아동이 초기 읽기와 초기 쓰기에 장애를 겪는 특징이 있다는 것을 알 수 있다. 원인은 선천적, 후천적, 신경병리학적 등 다양할 수 있으며, 발달 단계별, 개인별로 난독증 선별과 진단의 수준을 구분할 수 있을 것이다.

2 난독증의 진단

난독증을 겪는 학생의 교육적 지원을 위해서는 정확하고 체계적인 선별과 진단 방안, 그리고 효과적인 중재 방안이 마련되어야 한다. 난독증을 겪는 학생은 단순한 학습 부진으로 오해받거나 막연한 학습 장애의 특징으로 치부될 가능성이 있다. 난독증을 겪는 학생을 조기에 진단하여 학생의 증상에 맞는 의료적, 정서적, 교육적 지원 방안이 마련되어야 할 것이다.

난독증의 원인을 밝히는 것은 매우 어렵다. 왜냐하면 읽기 장애와 구분이 모호하고 자폐증 등 정신 질환과 혼동하는 경우도 있기 때문이다. 제대로 된 진단을 받지 못한 학생은 자신이 난독증이라는 사실을 모른 채 학습 부진아로 낙인찍혀 고통받기도 한다. 난독증(dyslexia)이 듣고 말하기 등 다른 기능에는 문제가 없지만 문자를 판독하는 데 이상이 있는 증세라고 한다면 이는 의학 영역의 문제이다. 낮은 지능이 문제가 되는 학습 장애와는 다른 문제일 수 있다. 의학계에서는 난독증의 원인을 뇌의 불균형적 발달로 판단한다. 공간 지각을 담당하는 우뇌의 발달에 비하여 언어 기능을 관장하는 좌뇌의 기능이 상대적으로 덜 발달한 것이 난독증이 원인이 된다는 것이다.

가. 난독증 진단 체크리스트

김윤옥 외(2015)는 난독증 판별 체크리스트를 다음과 같이 제시하였다.

〈표 2〉 난독증 판별 체크리스트의 요인과 문항(김윤옥 외, 2015)

요인	문항
해독, 철자 쓰기 (10문항)	들은 내용을 즉시 전달하거나 자신의 말로 바꾸어 말하는 데 어려움이 있다. (예: 말 전하기 등)
	말을 할 때 많이 머뭇거리거나 적절한 단어를 찾지 못한다. (예: 음, 아, 저기, 그거 있잖아요 등의 잦은 사용)
	구어적 지시를 이해하는 데 어려움이 있다.
	읽을 때 단어에서 글자를 빠뜨리거나 첨가하여 읽는다.
	글자에서 낱자와 소리 간의 관계를 모른다. (예: '가'에서 'ㄱ'의 소리가, '그', 'ㅏ'를 '아'로 소리 내는 것을 모른다.)
	단어를 소리 나는 대로 읽지 못한다. (예: '값이'를 '갑시'로, '국물'을 '궁물' 등 소리 나는 대로 읽지 못하고 '값이'를 '갑이'로, '국물'을 '국물' 등 글자 그대로 발음한다.)
	단어를 쓸 때 글자를 생략, 대체, 첨가, 중복 또는 순서를 바꾸어 쓴다.
	글을 읽기 위한 음운(자음과 모음) 인식에 문제가 있다.
	새로운 어휘를 배우고 기억하는 데 어려움이 있다. (예: '무령왕릉'처럼 어려운 단어를 배우고 기억하는 데 어려움이 있음.)
	흔히 보는 어휘들을 빨리 파악하지 못한다. (예: 당기시오, 미시오, 계단 주의, 우측 통행 등)

요인	문항
유창성, 자동성 (4문항)	특정 받침 발음에 문제를 보인다. (예: '반을 잘라'를 '바느 잔나'로, '밝아'를 '박아'로 말함.)
	여러 음절로 이루어진 단어, 낯설고 복잡한 단어들을 발음하는 데 어려움이 있다. (예: 초코쿠키 → 초코쿠구, 콘푸로스트 → 콘프로로 읽거나 복합 명사인 켄터키 후라이드 치킨, 웰빙 파프리카 버거 등을 발음하기 어려움.)
	단어 내에서 소리의 조합, 대치, 분리 등에 문제를 보인다. (조합: 'ㅋ'+'ㅗ'+'ㅇ' = '콩'; 대치: '가지'에서 'ㄱ' 대신 'ㅂ'을 넣을 때 '바지', 분리: '차'가 'ㅊ'+'ㅏ'로 된다는 것 등을 모른다.)
	또래에 비해 글을 소리 내어 유창하게 읽지 못한다.
독해 (2문항)	짧은 단락(문단)을 읽고 이해하지 못한다.
	국어 성적이 아주 낮다.
읽기 부수 효과 (2문항)	읽는 것을 꺼려하고 어려워하거나 공포를 나타낸다.
	책을 잘(많이) 읽을 수가 없어서 또래에 비해 배경지식이 부족한 것 같다.
좌우뇌 우세성 (3문항)	같은 소리로 시작하거나 끝나는 단어를 잘 찾지 못한다. (예: '리'자로 끝나는 말은?)
	좌우, 상하 등의 방향 감각 및 공간 지각에 어려움이 있다.
	책을 읽을 때 어지러움, 두통, 배 아픔 등을 호소한다.

요인	문항
지능 (2문항)	지능은 정상으로 보이나, 읽기/쓰기(철자)를 또래 학년 수준만큼 잘하지 못한다. ('지능은 정상': 지적 장애가 없고 학습 이외의 활동이 또래와 비슷함.)
	지능이 정상으로 문제를 읽어 주면 잘하나 혼자 읽고 문제를 푸는 것은 잘하지 못한다.
재능 (1문항)	음악, 미술, 연기/연극, 스포츠, 조작 활동 등 한 영역 이상에 소질이 있어 보인다.
구어 기술 (1문항)	말을 할 때 단어를 잘못 발음하거나, 음절, 단어, 구의 순서를 바꾸어 말한다. (예: 로그인 → 그로인, 노점상 → 점노상 등)
실행 기능 (1문항)	듣기 이해력이 읽기 이해력보다 더 나은 것으로 보인다.
가족력 (1문항)	가족 중에 읽기 학습이 어려웠던(난독증) 사람이 있다. (난독증은 읽기 학습에 특별히 많은 어려움이 있는 것을 말합니다. 학생 상담 시에 파악된 내용에 따라 체크해 주세요.)

나. 난독증 진단 검사 도구

김동일 외(2017)는 난독증의 선별과 중재 프로그램을 3단계로 구성하였다. 난독증 선별 검사의 단계별 방법은 다음 〈표 3〉과 같다.

〈표 3〉 **난독증 선별 검사 방법(김동일 외, 2017)**

	1차	2차	3차
검사지	• 학습 장애 선별 검사(LDST) • BASA 읽기 검사 (빈칸 채우기) • BASA 어휘 검사, 읽기 이해 검사 (1, 2학년 제외)	• 지역 아동 센터장 및 담당 교사 개별 면담 • 선별 학생 직접 면담 • BASA 음운 인식, 읽기 유창성 등의 기초 평가 • 교구 등 활용 기초 실력 평가	• 진전도 점검 • BASA 유창성 • BASA 빈칸 채우기 • BASA 어휘

김용욱 외(2016)는 난독증 진단 검사를 읽기 성취와 읽기 인지 처리 검사로 구분하였다. 읽기 성취 검사는 단어 인지, 읽기 유창성, 읽기 이해로 구성되어 있고, 읽기 인지 처리 검사는 자모 지식, 음운 인식, 음운 기억, 빠른 자동 이름 대기, 어휘 지식, 듣기 이해, 구어 기술, 철자법으로 구성하였다.

〈표 4〉 난독증 진단 도구 구성(김용욱 외, 2016)

영역	소검사	검사 내용	하위 검사
읽기 성취 검사	단어 인지	인쇄된 글자를 부호화하고 음성화하며 의미를 이해하는 능력	① 규칙-의미 단어(15문항) ② 규칙-무의미 단어(15문항) ③ 음운 변동-고빈도 의미단어(15문항) ④ 음운 변동-저빈도 의미단어(15문항) ⑤ 음운 변동-저빈도 무의미 단어(15문항)
	읽기 유창성	텍스트를 정확하고 빨리 읽는 능력	학년별 읽기 유창성 글
	읽기 이해	읽은 내용의 의미를 파악하고 이해하는 능력	학년별 읽기 이해 글
읽기 인지 처리 검사	자모 지식	알파벳을 구성하는 자음과 모음의 이름을 알고 정확하게 소리 낼 수 있는 능력	① 모음 이름(21문항) ② 초성 소리(18문항)
	음운 인식	구어에서 사용되는 여러 말소리들을 지각하고 조작할 수 있는 능력	① 음절 인식(9문항) ② 음절체-종성 인식(4문항) ③ 초성-각운 인식(4문항) ④ 음소 인식(9문항)
	음운 기억	음운 정보를 기억하고 처리하는 능력	① 숫자 바로 따라 하기(5문항) ② 숫자 거꾸로 따라 하기(5문항)

영역	소검사	검사 내용	하위 검사
읽기 인지 처리 검사	빠른 자동 이름 대기	시각적으로 제시된 자극의 이름을 정확하고 빨리 말할 수 있는 능력	① 색깔(1분 동안 색깔 세기) ② 숫자(1분 동안 숫자 세기)
	어휘 지식	어휘를 얼마나 많이 알고 있는지에 대한 능력	① 반대말(20문항) ② 비슷한말(20문항)
	듣기 이해	들은 내용의 의미를 파악하고 이해하는 능력	학년별 듣기 이해 글
	구어 기술	들려주는 단어들을 연결하여 뜻이 통하는 바른 문장으로 말하는 능력	뜻이 통하는 문장 만들기(10문항)
	철자법	말을 글로 표현하는 규칙을 알고 바르게 쓰는 능력	단어 쓰기(20문항)

3 난독증 개선을 위한 지원

가. 정책 지원 방안

난독증을 겪는 학생은 학령기에 어려움을 겪을 가능성이 크다. 학령기가 시작되면 문자 언어를 활용한 다양한 학습 상황에 놓이기 때문이다. 문자 언어를 통한 새로운 자극의 수용과 적용이 빈번하게 일어난다. 그래서 학령기 아동을 대상으로 한 선별, 진단, 중재 등 난독증 개선을 위한 정책적인 지원이 필요하다. 난독증 개선을 위한 정책적인 지원 방안을 살펴보면 다음과 같다.

첫째, 신뢰도와 타당도가 확보된 선별 도구와 진단 도구의 마련이 필요하다. 난독증 개선을 위한 첫 단계는 난독증 위험 학생을 선별하고, 학생의 강점과 약점을 진단하여 중재하는 것이다. 신뢰도와 타당도가 확보되고, 사용이 간편한 검사 도구 마련은 반드시 필요하다. 난독증의 선별과 진단을 위해서는 신경병리학적, 정서적, 교육적 측정이 학생의 특성에 맞게 이루어져야 한다. 난독증은 증상이 경한 경우와 심한 경우, 특정한 영역에 취약점을 나타내는 경우 등 학생별로 다양하기 때문이다.

둘째, 우리나라 언어의 문자 체계가 난독증 학생에게 미치는 영향을 파악해야 한다. 난독증의 원인은 다양하다. 사용하는 언어의 문자 체계도 난독증 증상에 영향을 미친다. 따라서 우리나라 언어의 특징이 난독증에 어떤 영향을 미치는지를 파악하는 것이 중요하다. 영어와 프랑스어처럼 음소인지, 해독성에 문제를 일으킬만한 문자 체계인지, 스페인어와 독일어처럼 텍스트 독해에 결함이 발생할 가능성이 높은 문자 체계인지를 분석해야 한다.

셋째, 난독증 교육 전문가를 양성해야 한다. 난독증은 다양한 증상만큼 여러 분야의 전문가들의 협업이 필요하다. 난독증 개선을 위한 교육적 처치와 개선을 위한 교육 전문가 역시 반드시 필요하다. 난독증 학생의 교육 지원을 위해 난독증 교육 전문가를 양성해야 한다. 일선 현장의 교사와 난독증 의심 증상을 겪는 학생과 학부모는 난독증 교육 전문가를 중심으로 선별과 진단, 중재 프로그램에 대한 안내와 계획을 세울 수 있어야 한다. 특히, 교육적 처치를 중심으로 학교에서 실행할 수 있는 다양한 방안들이 난독증 교육 전문가의 주도하에 이루어져야 할 것이다.

넷째, 난독증에 대한 교사 연수가 확대되어야 한다. 이경화(2017)에서 실시한 한글해득 진단 도구에 대한 설문 결과를 보면 '한글 해득 능력 진단 도구가 있는지 몰라서 사용하지 않았다.'라는 교사의 응답이 76.9%에 달했다. 한글 해득, 난독증 등 학령 초기 학생을 주 대상으로 하는 것은 교사의 역할이 매우 중요하다. 그런데 홍보와 교사 대상 연수 부족으로 한글 해득 교육과 난독증 개선 교육이 원활하게 진행되지 못하는 경우가 있다. 난독증 개선에 대한 다양한 연수를 교사를 대상으로 확대, 실시할 필요가 있다.

다섯째, 난독증을 겪는 학생을 돕기 위한 학교, 가정, 의료 기관의 연계 방안이 마련되어야 한다. 난독증은 단순한 학습부진이 아니다. 신경병리학적 원인으로 발생하는 경우가 많다. 난독증은 학교 중심의 학습 부진 개선 교육으로만 개선되기는 어렵다. 따라서 학교, 가정, 의료 기관의 연계 방안이 마련되어야 한다. 학교는 조기에 난독증 위험 학생을 선별할 필요가 있다. 그리고 가정과 긴밀히 연계해 난독증 위험 학생의 지적, 신체적 특성을 파악해야 한다. 또, 의료 기관과 협조하여 난독증을 정확히 진단하고 체계적인 개선 프로그램을 지원해야 한다.

나. 수업 개선 전략

　난독증을 개선하기 위해서는 난독 학생을 1:1로 지도하는 것이 가장 효과적이다. 이는 학생이 가진 문제점을 파악하고 그에 맞는 지도를 할 수 있기 때문이다. 그러므로 정책적인 지원도 필요하지만 가장 중요한 것은 수업 전략이라고 할 수 있다. 난독을 가진 학생들에게 한글 해독 능력을 촉진하려면 발음 중심 접근법을 사용하는 것이 좋다. 하나의 자소와 하나의 말소리를 명시적으로 연결하는 놀이부터 즐겁게 시작한다. 자소와 말소리의 연결은 모음자가 쉬우므로 이때는 모음자부터 지도하는 것이 좋다. 또한 자소의 말소리와 글자 모양을 빠르게 연결하기, 학생이 좋아하는 방법으로 글자 소리 합하기 등을 통해 학생이 성공하는 경험을 갖게 한다.

　난독 학생을 지도할 때도 사용하는 단어나 다루는 주제는 교과와 관련 있는 것으로 하는 것이 좋다. 교과서에 나오는 고빈도 어휘는 초기 한글 해득의 성공 경험을 갖게 하는 데 중요한 역할을 한다. 그리고 학생이 흥미를 보이면 무의미 철자라도 적극적으로 활용할 필요가 있다. 글자에 흥미를 갖고 소리와 연결을 짓는 것부터 한글 해득이 시작된다.

　또한 문자 변별이 잘 되지 않는 학생은 촉각을 활용해 지도할 수도 있다. 손가락이나 쉽게 지워지는 펜 등을 사용해 몸에 글자를 쓰고 맞히는 활동으로 글자를 익히거나, 모래 상자를 활용해 손가락으로 글자를 쓰면서 글자의 모양을 느끼게 하는 활동 등도 도움이 된다.

여러 학생들과 함께 수업을 할 때는 수업 내용의 주요 키워드들을 글자 및 그림으로 제시한다. 글자 읽기는 어려워도 듣기·말하기가 잘 되는 학생일 때는 대화를 하거나 말을 하는 내용을 난독 학생이 수행할 수 있게 한다. 말하는 것을 통해 수업 내용 이해력이 좋아질 뿐 아니라 자신감이 높아지는 데도 도움이 된다. 그리고 과제를 제시할 때는 예시 자료를 충분히 활용하고, 추가 시간을 충분히 제공하며, 창의적인 응답을 수용적인 태도로 받아들여야 한다.

또한 교실 공간과 교실 밖 공간을 적절히 활용할 필요가 있다. 교실 밖에서 활동을 할 때 같은 글자 찾기 등 특별한 과제를 수행하게 한다든지, 주변에서 글자가 사용되고 있음을 느낄 수 있게 하는 것도 필요하다. 그리고 가정과 연계하여 난독에 도움이 되는 적절한 읽기 숙제를 제시한다. 이때 모델링이 될 수 있는 오디오 녹음 자료를 제공하여 예습, 복습을 할 수 있게 하는 것도 중요하다.

14장 한글 문해 교육과 기초 어휘

1 한글 문해에서 기초 어휘 선정의 중요성

한글 문해는 기초 문식성의 핵심 영역이다. 한글을 익혀 깨치는 일은 읽기 쓰기를 통한 의미 구성을 비롯한 이후 모든 학습의 기반이 된다. 한글 문해의 중요성이 인식되면서 한글 문해 교육에 대한 관심이 증대하였다. 기초 문식성 지도 실태와 인식 조사에 따르면, 초기 문자 지도 내용 중 보완할 내용으로 어휘 지도가 19.3%로 가장 높았다(이경화·전제응, 2007). 그럼에도 불구하고 어떤 어휘를 선정하여 지도해야 하는지에 대한 연구는 거의 이루어지지 않았다. 이는 한글 문해의 개념 및 수준에 대한 합의를 이끌어 내려는 시도가 부족했기 때문이다.

한글 문해는 문자를 시각적 자극을 통해 받아들이고 일련의 정신 과정을 거쳐 낱말을 읽고 쓸 수 있으며, 그 낱말의 의미를 아는 것을 말한다(이경화, 2017). 즉, 한글 문해는 단순히 글을 읽고 쓸 수 있는 상태가 아니라 특정한 낱말의 의미를 알고 읽고 쓸 수 있는 상태를 의미한다. 문자의 의미를 이해하여 읽고 의미를 문자로 표현하여 쓰는 인지적 조작 과정에서 어휘는 핵심적인 위상을 지닌다. 이는 한글 문해의 수준을 결정하는 것이 바로 어휘임을 의미한다. 따라서 한글 문해 지도에는 기초 어휘의 선정이 선행되어야 한다.

한글 문해를 위한 기초 어휘의 선정은 한글 문해 지도의 측면과 평가의 측면에서 의미가 있다. 한글 문해를 지도할 때 필수적인 어휘 목록으로 활용할 수 있다. 기초 어휘는 한글 문해 지도에서 다룰 어휘의 수준과 범위를 말해 주기 때문이다. 어떤 어휘를 학습해야 하는가에서 한글을 어떻게 지도해야 하는가를 도출할 수 있다. 또, 한글 문해를 평가할 때에 학생의 수준을 판별하는 참고 자료로 활용할 수 있다. 왜냐하면 특정한 어휘를 읽고 쓸 수 있느냐 없느냐에 따라 한글 해득 여부를 결정할 수 있기 때문이다. 기초 어휘에 해당하는 어휘를 대상으로 음운 인식, 해독, 재인 등 한글 문해의 하위 영역을 평가할 수 있다.

한글 문해 지도 과정에서 존재하는 모든 어휘를 사용하거나 지도할 수 없기 때문에 어휘를 선정하여 사용해야 한다. 한글 문해에서 기초 어휘는 중요한 구성 요소이다. 한글 문해는 시각적으로 제시된 단어를 청각적인 말소리로 바꾸고 그에 해당하는 낱말을 자신의 어휘망에서 탐색하여 의미와 연결 짓는 것이기 때문이다(Stanovich, 1986). 한글 문해에서 기초 어휘 선정의 중요성을 크게 세 가지로 나누어 살펴보면 다음과 같다.

첫째, 기초 어휘는 한글 문해의 범위를 결정하는 데 중요하다. '한글을 깨쳤다.' 또는 '한글 해득이 되었다.'는 말이 정확히 어떤 상태를 지칭하는지는 기초 어휘에 의해 결정된다. 왜냐하면, 한글을 깨친 수준에서 읽을 수 있는 어휘의 범위가 곧 한글 해득 여부를 판별하는 기준이 되기 때문이다. 앞 절에서 기초 어휘의 범주를 초등학교 1학년 학생에게 요구되는 수용 어휘라고 하였다. 따라서 초등학교 1학년 학생 수준에서 수용할 수 있는 어휘까지 학습하는 것을 한글 문해의 경계라고 할 수 있다.

한글 문해를 위한 기초 어휘가 선정되면 어떤 어휘까지 알고 있어야 한글 해득이 되었다고 하는지를 알 수 있다. 그에 따라 수용 어휘를 읽을 수 있고 표현 어휘를 쓸 수 있는 경우 한글 해득이 되었다고 판별할 수 있다. 기초 어휘가 없는 상태에서는 임의로 제시한 낱말들에 의존하여야 하며, 이때 제시한 낱말을 읽고 쓸 수 있다고 하더라도 한글 해득이 된 것인지는 알기 어렵다. 그러므로 한글 해득 수준에서 다루어져야 하는 수용 어휘를 목록화할 필요가 있다.

둘째, 기초 어휘는 한글 문해 지도와 평가의 자료가 된다. 한글 문해 영역에서 다루는 어휘는 지도 내용임과 동시에 언어 자료이다. 한글 문해에서는 어휘 지도 내용[9] 중 어휘 학습뿐만 아니라 어휘를 통한 학습도 다룬다. 전자가 어휘를 익혀 어휘량을 늘리는 학습이라면, 후자는 음소 및 음절 인식, 낱말 읽고 쓰기, 문장 읽고 쓰기 등의 기능을 습득하기 위해 어휘를 사용하는 학습이다. 이 둘은 각각 한글 문해 지도와 평가에 연결 지을 수 있다.

---

9) 김창원(2012)은 어휘 교육의 성격을 '어휘의 교육, 어휘에 대한 교육, 어휘를 통합 교육, 어휘를 위한 교육'으로 제시한 바 있다.

한글 문해를 위한 기초 어휘가 선정되면 학생이 알아야 할 어휘가 무엇인지를 알 수 있다. 한글 문해 모형에서 음성 언어와 문자 언어, 단어 재인과 글자 쓰기 모두가 영향을 주고 받는 중요한 역할을 한다(이경화, 2017).[10] 기초 어휘는 이 어휘망에 존재해야 할 어휘 목록을 제공하므로 한글 해득의 지도와 판별 자료가 된다. 기초 어휘에 포함되는 낱말을 익히도록 지도할 수 있다. 또, 기초 어휘에 포함되는 낱말을 사용하여 음운 인식, 해독, 재인 등의 기능을 지니고 있는지 평가할 수 있다.

셋째, 기초 어휘는 기초 문식성의 토대가 된다. 기초 문식성 지도 내용의 대영역은 문식성의 기초, 어휘 학습, 한글 해득, 의미 구성으로 나눌 수 있다(이경화, 2007). 문식성의 기초가 한글 해득 영역의 토대를 이루는 글자를 본격적으로 다루기 이전의 단계라면, 의미 구성 영역은 한글 해득 영역을 토대로 문장 쓰기에서부터 글 단위의 내용을 이해하는 단계이다. 문장 및 글 단위의 의미 구성을 해 나가기 위해서는 기초 어휘를 읽고 쓸 수 있어야 한다.

지금까지 어휘 선정 연구는 특정한 교육 대상으로 이루어졌다. 그 대상은 한국어 학습자(임칠성, 2002; 곽재용, 2012; 강보선, 2013)와 발달장애 아동(이진아 외, 2011; 김동일 외, 2016 등) 등으로 한정되었다. 유아나 초등학생용 기초 어휘와 관련된 연구(윤경선 외, 2014; 장현진 외

---

[10] 이경화(2017)에서 제시한 한글 해득 모형은 단어 재인과 글자 쓰기가 어휘망에서의 어휘 탐색을 기반으로 하고, 문자 언어와 음성 언어 모두 해독 및 전사를 통해 어휘망과 상호 작용함을 보여 준다.

2013; 2014)가 더러 있으나 이러한 연구도 한글 해득 단계의 학습자를 대상으로 한 어휘 선정 연구로 보기는 어렵다. 윤경선 외(2014)는 유아 한글 교육용 어휘를 선정하는 기준을 제시하였다. 그러나 국어학적인 연구 결과를 중심으로 어휘의 형태적 측면을 지나치게 강조하였으며 어휘 선정 기준을 설정하는 데 그쳤다는 아쉬움이 있다. 장현진 외(2014)는 언어 검사 도구, 한국어 학습용 어휘 등에 나타난 어휘를 기본 자료로 사용함으로써 모국어 사용자로 그 기준을 초점화하지 못하였고, 초등학생의 학년군별 특성이 매우 다름에도 초등학생 전체를 대상으로 하여 어휘를 선정하였다는 한계가 있다.

한글 문해를 위한 기초 어휘가 선정되면, 기초 어휘를 바탕으로 문장 읽기와 쓰기, 짧은 글의 내용 이해하기 등 기초 문식성의 기반을 마련할 수 있다. 기초 문식성에서 다루는 문장이나 짧은 글은 단순한 문장 수준으로 이루어져 있다. 통사론적으로 복잡한 구조를 가지거나 조사나 어미에 따른 세부적인 의미 변별을 요구하지 않는다. 그렇기 때문에 문장을 구성하고 있는 어휘를 알고 있으면 쉽게 의미 구성을 할 수 있다. 결국 기초 문식성 수준의 글을 이해하기 위해 필요한 어휘도 한글 문해를 위한 기초 어휘에서 나온다.

기초 어휘는 한글 문해의 범위를 결정하는 데 핵심적 역할을 한다. 왜냐하면 그 자체로 한글 해득 여부를 판별하는 기준이 되기 때문이다. 또, 기초 어휘는 한글 문해 지도나 평가 시 언어 자료로 사용되기 때문에 한글을 지도하는 교사나 부모가 유용하게 사용할 수 있다. 그뿐만 아니라 한글 문해 단계에서 알아야 할 기초 어휘가 결정되어야 그에 대한 학습을 바탕으로 기초 문식성의 토대를 다질 수 있다.

이 장에서는 한글 문해를 위한 기초 어휘를 선정하여 한글 문해 지도와 교재 개발에 활용 가능한 어휘 목록을 제공하였다.

2   기초 어휘의 개념

기초 어휘의 개념을 명확하게 하기 위해 우선 유사하게 사용하는 '기본 어휘'와 구분할 필요가 있다. 기본 어휘는 특정 언어 상황 맥락에서 필요한 어휘를 말한다. 다시 말해 어떤 목적에 따라 작위적으로 선정하는 어휘를 기본 어휘라고 한다(이희자, 2003). 직무 수행, 운동, 여행 등은 특정한 언어 상황 목적이 있고, 기본적으로 수행에 필요한 어휘를 알아야 언어 사용과 목적 달성이 가능하다. 예를 들어, 의사가 사용하는 어휘와 변호사가 사용하는 어휘가 다른 것은 각 직무 수행에 알아야 하는 기본 어휘가 다르기 때문이다. 따라서 특정한 언어 상황 맥락에서는 특수한 용어와 그 집단에서 임의적으로 계약이 된 어휘를 사용한다.

반면에 기초 어휘는 모국어 사용자가 일상생활의 문자 언어 사용을 위해 필수적으로 알고 있어야 하는 어휘를 말한다(곽재용, 2012). 구어의 경우, 우리나라에 태어나 생활한 모국어 사용자라면 듣기·말하기가 기초적으로 가능하다. 그러나 문자 언어 사용은 언어를 해독하고 재인하여 문자로 인출하는 일련의 과정을 거치기 때문에 구어에 비하여 어렵다. 따라서 한글을 읽고, 쓰는데 필요한 어휘를 기초 어휘라고 할 수 있다. 이경화(2017)의 한글 해득 모형(4장 참고)에서 상위에 제시된 낱말 재인과 글자 쓰기는 기초 어휘의 뜻을 알고 읽고 쓰는 것을 의미한다. 한글 문해를 위해 모국어 사용자가 기초 어휘를 어휘망(mental lexicon)에 저장하고 있지 않으면 낱말 재인과 글자 쓰기에 어려움을 겪는다.

필수적으로 알고 있어야 하는 어휘를 기초 어휘라고 할 때, '필수적'인 어휘의 수준과 범위가 모호할 수 있다. 그 이유는 기초 어휘의 수준과 범위가 지역, 가정, 문화 등의 영향으로 다를 수 있기 때문이다. 그리고 학습자 개별적으로 사용하는 어휘의 수에 차이가 있고, 수용 어휘와 표현 어휘의 차이도 클 수 있기 때문이다.[11] 수용 어휘는 글을 읽고 이해하는 데 필요한 어휘를 말하고, 표현 어휘는 특정한 의미를 문자로 표현하는 데 필요한 어휘를 말한다. 개별적인 차이가 있지만 이해한 단어를 모두 표현 어휘로 활용하기는 어렵다. 따라서 수용 어휘는 표현 어휘보다 크고 표현 어휘를 포함한다.

기초 어휘의 수준과 범위는 공통적으로 영향을 받는 요인(지역, 가정, 문화 등)을 고려하여 선정한다. 공통적인 영향 요인은 교육과정이라고 할 수 있고, 2015 개정 국어과 교육과정에서 한글 문해 교육 내용이 반영된 학년이 초등학교 1학년이기 때문에 초등학교 1학년 수준에서 필요한 어휘를 기초 어휘의 범주라고 할 수 있다. 또, 수용 어

---

11) 언어 발달 연구에 따르면, 4세경에는 2,800개 이상의 수용 어휘와 900~2,000개 이상의 표현 어휘를 습득하고, 5세경에는 13,000개 정도의 표현 어휘를 습득하며, 6~7세가 되면 20,000개 정도의 수용 어휘를 습득한다(김영태, 2010).

휘와 표현 어휘의 차이의 문제는 수용 어휘가 표현 어휘를 포함하기 때문에 한글 문해 수준과 범위를 수용 어휘로 정함으로써 해결할 수 있다. 즉 학생들이 낱말을 보고 어떤 낱말인지 이해할 수 있는 수준을 기초 어휘의 수준으로 정한다.

낱말의 이해에 초점이 있다면 기초 어휘의 범주는 글을 읽고 이해하는 데 필요한 어휘력과 관련이 깊다. 어휘력의 전제는 의미를 나타내는 단어이다. 일부 한글 문해를 위한 기초 어휘에 무의미 단어를 포함하여 해독, 유창성을 연습하는 데 활용하기도 한다. 그러나 기초 어휘는 수용 어휘에 초점이 있기 때문에 이해를 위해서 의미 단어이어야 한다.

문법적인 특징을 고려하는 과정에서 음운 변동을 고려하기도 한다. 음운 변동 역시 의미 단어에 초점을 둔다면, 문자를 보고 소리 내어 읽기에 큰 어려움이 있음에도 낱말이 가진 뜻이 초등학교 1학년 학생에게 쉬운 경우도 기초 어휘에 포함해야 한다. 왜냐하면 읽기란 글자의 단순한 해독이 아니라 의미를 조직하는 매우 적극적인 사고 활동을 필요로 하는 것이기 때문이다(이경화·전제응, 2007). 즉, 형태적 특징보다는 의미적 특징에 초점을 두고 추상적인 어휘보다는 구체적인 어휘를 기초 어휘로 선정해야 한다.

요컨대, 한글 문해를 위한 기초 어휘는 초등학교 1학년 수준에서 일상생활의 문자 언어를 이해하기 위해 필수적으로 알고 있어야 하는 의미 단어를 말한다. 문자 언어의 사용의 범주는 의미를 이해하는 데 필요한 수용 어휘로서 해독과 재인을 포함한다. 낱말을 보고 의미를 재인할 수 있는 기초 어휘에는 의미를 전달하기 위해 활용하는 표현 어휘를 포함한다. 그렇지만 표현 어휘의 수준과 범위를 구분하는 것은 기초 어휘의 선정에 대한 논의의 초점과 거리가 있기 때문에 여기서는 다루지 않는다.

3 기초 어휘의 선정

가. 연구 절차

기초 어휘를 선정하기 위하여 리커트 척도를 활용한 전문가 중요도 평정 방법을 활용하였다. 전문가의 중요도 평정을 위한 어휘 대상 목록은 2009 개정 초등학교 1~2학년군 국어 교과서에 제시된 어휘를 활용하였다. 2009 개정 초등학교 국어 교과서의 부록에는 국어 교과서에서 나타난 어휘 목록을 제시하였다. 2015 개정 교육과정을 반영한 국어 교과서가 개발되었지만, 교육과정의 내용이 크게 변화하지 않았고 교과서의 제재 수준도 유사하기 때문에 2009 개정 초등학교 국어 교과서의 어휘 목록을 활용하였다. 또, 2009 개정 초등학교 국어 교과서는 국어 활동 교과서에 많은 제재가 포함되어 있어 어휘 목록이 풍부한 이점이 있다. 이러한 점을 고려하여 최종 목록으로 선정한 어휘는 총 844개의 낱말이었다.

전문가 중요도 평정을 위한 어휘 목록을 선정한 후 리커트 척도를 활용하여 전문가 평정을 하였다. 리커트 척도는 5점 척도로 '매우 쉽다(1)', '쉽다(2)', '보통이다(3)', '어렵다(4)', '매우 어렵다(5)'로 구성하였다. 전문가 집단이 리커트 척도에 반응하는 기준은 초등학교 1학년 학생의 수준에서 해당 어휘를 수용 어휘로 고려할 때의 난이도로 제시하였다. 예를 들면, 초등학교 1학년 학생 수준에서 '나비'라는 낱말을 읽고 의미를 알고 이해할 수 있는 정도를 답하도록 기준을 제시하였다.

중요도 평정에 참여한 전문가 집단은 결과의 신뢰도를 높이기 위해 국어 교육을 전공한 전문가로 구성하였다. 전문가 집단은 국어 교육 전공 대학 교수 4명, 초등 교사 박사 3명, 박사 과정 5명, 석사 과정 5명의 총 17명으로 구성하였다. 그리고 전문가 집단에서 평정한 결과를 바탕으로 평균을 고려하여 최종 기초 어휘를 선정하였다. 연구 절차는 다음과 같다.

〈표 1〉 연구 절차

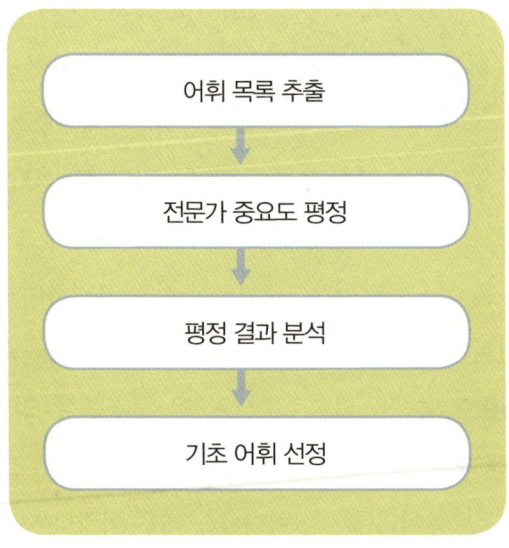

나. 분석 방법

전문가의 중요도 평정 결과는 5점 척도로 17명의 전문가 집단의 평균을 구하였다. 총 843개의 낱말을 개별적으로 어휘 난이도 평정을 한 후 평균 점수를 산출하였다. 평균 점수를 산출한 후 '매우 쉽다'에서 '매우 어렵다'의 난이도를 산출할 때 평균 점수의 특성상 소수점으로 산출된다. 그렇기 때문에 평균 점수를 반올림하여 최종 평정 점수로 고려하였다. 예를 들어, '가족'이 1.7의 평정 결과가 산출된 경우 2점으로 '쉽다'의 평정 결과가 산출된다.

기초 어휘의 선정 기준은 '보통이다' 이하로 평균 점수 3.5 미만으로 선정하여 분석하였다. 그 이유는 초등학교 1학년 수준에서 어려운 어휘는 기초 어휘로 자질이 없기 때문이다. 초등학교 1학년 수준에서 수용 어휘로 자질이 없는 경우 2학년 수준 이상에서 학습이 필요하다. 또, '어렵다' 이상으로 분석된 어휘는 학생들이 추상적인 이미지를 떠올려야 이해할 수 있고 발달적, 사회적, 문화적 특성을 고려할 때 기초 어휘의 자질을 갖추고 있지 않다고 할 수 있다.

그리고 기초 어휘에 포함된 낱말의 품사의 종류와 수를 분석하였다. 분석 방법은 형태소 분석 프로그램으로 분석하는 방법과 전문가 집단이 직접 분석하는 방법이 있다. 전자의 방법은 대규모 말뭉치가 문장, 문단, 글 단위로 구성되어 있을 때 정확도가 높다. 낱말로 구성된 경우에는 형태소를 분석하는 과정에서 문장에서 쓰이는 용례를 고려하지 못하므로 분석의 정확도가 낮다. 후자의 방법은 낱말의 수가 적은 경우에 적합하다. 이 연구에서는 두 가지 방법 중 전문가 집단의 분석 방법을 활용하였다. 세 명의 전문가가 각 낱말의 품사를 직접 분석하고 검토한 결과를 협의하여 조정하였다. 고려한 품사는 동사, 명사, 형용사, 부사이었다. 네 가지의 품사가 기초 어휘에서 차지하는 분포 특징이 어떠한지 분석하였다.

다. 기초 어휘 분석

전문가 평정으로 기초 어휘를 선정한 결과, 표집 어휘 843개의 어휘 중에서 난이도 '보통이다' 이하로 평정된 기초 어휘는 712개이었다. '어렵다', '매우 어렵다'로 평정된 어휘는 각각 129개, 2개이었다. '어렵다', '매우 어렵다'는 초등학교 1학년 수준에서 어려운 낱말로 한글 문해를 위한 기초 어휘로 고려하지 않았다. 기초 어휘의 난이도별 수와 비율을 정리한 것은 〈표 2〉와 같다.

〈표 2〉 난이도별 기초 어휘의 수와 비율

난이도	평점 평균	어휘 수(개)	비율(%)
매우 쉽다	1.5 이하	31	3.7
쉽다	1.5~2.5	270	32.0
보통이다	2.5~3.5	411	48.8
어렵다	3.5~4.5	129	15.3
매우 어렵다	4.5 이상	2	0.2

기초 어휘는 다시 세 단계의 난이도로 구분할 수 있다. '보통이다', '쉽다', '매우 쉽다'의 세 단계로 구분할 수 있는데, '매우 쉽다'는 한글을 모국어로 사용하는 학습자에게 매우 친숙하고 자연스럽게 알 수 있는 낱말이다. '쉽다'는 초등학교 1학년 수준에서 한글을 학습하는 데 꼭 알고 있어야 하는 낱말에 해당하고, 일상생활에서 쉽게 접할 수 있으면서 일련의 한글 학습으로 자연스럽게 알게 되는 낱말이다. '보통이다'는 한글에 대한 학습과 기초 문식성 학습 결과로 알 수 있는 낱말들로 기초 읽기와 쓰기를 위해 기초가 되는 낱말이다. '보통이다'의 낱말은 학습이 꼭 필요한 어휘 수준이라고 할 수 있다.

〈표 2〉를 보면, '보통이다'에 해당하는 어휘의 수는 411개(48.8%)로 약 절반의 비중을 차지한다. 그리고 '쉽다'에 해당하는 어휘의 수는 270개(32.0%)이고, '매우 쉽다'에 해당하는 어휘의 수는 31개(3.7%)이다. '매우 쉽다'에 평정된 어휘를 예로 들면, '나', '너', '우리' 등과 같은 기본적으로 한글을 배우기 전부터 알고 있는 일상생활에 사용 빈도가 높은 어휘들이다. '쉽다'에 평정된 어휘는 '가족', '선생님', '거미', '예쁘다' 등과 같은 어휘로 일상생활에서 친숙한 정도가 높으면서 일련의 한글 학습을 통해 배우게 된 기본적인 어휘에 해당한다. '보통이다'에 판정된 어휘는 '동물원', '기억', '겁먹다', '부끄럽다' 등과 같은 어휘로 사용 맥락을 이해하면서 학습을 통해 수용하고 표현할 수 있는 어휘에 해당한다.

반면에 기초 어휘에 선정되지 않은 '매우 어렵다', '어렵다'는 한글을 해득하였음에도 재인이 어려운 낱말이다. 다시 말해, 다양한 문식성 활동을 통해 접하면서 학습하게 되는 낱말들로 초등학교 2학년 이상의 수준에서 어휘에 대한 학습이 필요한 낱말이다. 이 단계의 낱말은 한글을 해득한 학생들의 재인의 과정에서 기초 어휘의 수준보다 추상적이고 형태론적으로 보다 복잡하여, 형태론적인 기초 지식과 함께 추상적인 맥락에 대한 이해를 바탕으로 수용 어휘, 표현 어휘로 활용할 수 있는 낱말이다. 따라서 '매우 어렵다', '어렵다'에 해당하는 낱말은 기초 어휘에서 제외하였다.

기초 어휘에서 제외된 낱말을 예로 들면, '매우 어렵다'로 평정된 낱말로 '도꼬마리', '범부채꽃'이 있었다. 두 낱말은 꽃을 명명하는 전문 용어이기 때문에 책이나 다른 사람의 설명 등으로 알 수 있다. 그리고 일상적으로 활용하는 빈도가 낮은 낱말이기 때문에 '매우 어렵다'로 평정되었다.

'어렵다'로 평정된 낱말은 형태론적으로 복잡하거나 의미론적으로 친숙하지 않은 낱말이 복합적으로 포함되어 있었다. 예를 들면, '볶음밥', '귓속말', '돌부리' 등과 같은 낱말은 음운 변동이 포함되어 있어서 표현 어휘의 측면에서 어려운 낱말로 평정되었다. 그리고 '미심쩍다', '곤란하다' '수수하다' 등과 같은 낱말은 의미론적으로 추상적인 의미를 갖고 있는 낱말로 다양한 상황 맥락에 대한 이해가 필요하다.

다음은 기초 어휘를 세 단계에 따라 품사별로 분석한 결과이다. 전체 비율은 명사가 497개(70%), 동사가 87개(12.1%), 형용사가 60개(8.4%), 부사가 68개(9.5%)이었다.

각 난이도별로 품사의 비율을 〈표 3〉으로 살펴보면, '매우 쉽다'의 경우 31개 모두 명사이었다. '쉽다'는 명사 194개(71.8%), 동사 34개 (12.6%), 형용사 27개(10%), 부사 15개(5.6%)이었다. 명사가 높은 비율을 차지하고 다음으로 동사, 형용사, 부사의 순으로 나타났다. '보통이다'의 경우 명사 272개(66.2%), 동사 53개(12.9%), 형용사 33개 (8%), 부사 53개(12.9%)이었다. 비중은 명사, 동사=부사, 형용사 순으로 나타났다.

〈표 3〉 품사별 기초 어휘의 수와 비율

난이도	품사	어휘 수(개)	비율(%)
매우 쉽다	명사	31	100
	동사	0	0
	부사	0	0
	형용사	0	0
쉽다	명사	194	71.8
	동사	34	12.6
	부사	15	5.6
	형용사	27	10.0
보통이다	명사	272	66.2
	동사	53	12.9
	부사	53	12.9
	형용사	33	8.0

라. 한글 문해를 위한 기초 어휘의 특징

한글 문해를 위해 선정된 기초 어휘의 특징을 제시하면 다음과 같다. 첫째, 기초 어휘는 다른 품사와 비교하여 명사가 많다. 전체 기초 어휘 712개 중 명사가 497개(70%)의 비중을 차지했다. 이와 같은 결과는 영유아, 초등학생의 기초 어휘 선정의 연구 결과(장현진 외, 2013; 장현진 외 2014 등) 등과 일치한다. 특히 '매우 쉽다'에 해당하는 난이도의 어휘는 모두 명사이다. 문자를 학습할 때 사람, 사물 등의 대상을 지칭하는 명사를 먼저 학습하고 동사, 형용사, 부사를 학습하는 것이 적합하다는 것을 시사한다. 그리고 구체적인 대상을 지칭하는 명사가 기초 어휘에 포함되어 있었는데, 문자를 배우기 시작하는 상황에서는 주위 대상을 언어로 어떻게 표현하고 사용할 수 있는지가 중요하기 때문이다. 동사, 형용사, 부사는 언어 사용의 상황 맥락과 함께 이해해야 하기 때문에 기초 어휘에서도 난이도가 높은 단계에 많이 포함되었다.

둘째, 기초 어휘의 난이도는 주변 생활의 범위에 따라 높아진다. 기초 어휘는 세 단계의 수준으로 구분하였다. 기초 어휘를 수준의 구분 없이 선정한 연구와 달리 이 연구에서는 한글을 학습하는 수준에도 구분이 필요하다는 문제 인식에 따라 난이도를 구분하였다. 난이도의 구분은 한글 학습의 균형적 관점에 따라 의미 중심 지도의 단계를 구분할 수 있는 근거가 된다. 이러한 인식에 근거하여 기초 어휘 수준을 구분하는 근거를 분석한 결과 개인 → 가족 → 학교 → 사회에 따라 확장되는 특징이 있었다. 한글을 학습하는 모국어 학습자라면 의미 중심의 한글 지도를 할 때 주변 생활의 범위에 따라 어휘를 단계적으로 지도하는 것이 적합하다고 할 수 있다. 예를 들면, '매우 쉽다'는 '나'를 중심으로 관련이 있는 낱말, '쉽다'는 '나', '가족', '학교'와 관련된 낱말, '보통이다'는 학교 밖에서 접할 수 있는 '동물원', '우체국' 등과 같은 낱말이 포함되어 있었다.

셋째, 기초 어휘는 추상적인 낱말보다는 구체적인 낱말이 많다. 한글을 학습하는 모국어 학습자의 수준을 고려하면, 피아제(Piajet)의 인지 발달의 특성상 구체적 조작기에 해당한다. 사물의 분류와 구분이 구체적인 실제 세계에서 가능한 인지 발달의 특성에 맞게 기초 어휘의 대부분이 구체적인 대상을 지칭하고 동작과 감정을 표현하는 어휘가 많았다. 이러한 결과는 한글 학습을 할 때 어휘 학습의 경우 그림이나 사물과 함께 지도하면 효과적이라는 것을 보여 준다. 추상적인 상황 맥락은 그림으로 표현하기 어렵고 영상이나 서사 맥락을 추가해야 이해가 가능하다. 따라서 한글 학습이 목적이라면 구체적인 맥락에서 낱말과 문자를 함께 지도하면 효과적이다.

넷째, 어휘의 수준은 의미론적 접근과 형태론적 접근을 함께 고려해야 한다. 문법적인 특징에 따라 어휘를 구분하는 경우에 음운 변동이 있고 복합어이지만, 의미론적으로 볼 때 어휘 사용의 빈도가 높고 친숙도가 높은 낱말은 수용 어휘로서 이해가 쉬울 수 있다. 반면에 어휘를 표현 어휘의 관점에서 보면 의미론적으로 친숙하고 쉽더라도 음운 변동이 있으면 문자로 표현하기 어려울 수 있다. 그렇기 때문에 수용 어휘와 표현 어휘를 모두 고려하면 문법적인 특징과 의미론적 특징을 함께 고려해야 한다. 기초 어휘의 세 단계를 보더라도 형태론적, 의미론적 특징이 함께 고려되어 있다는 것을 확인할 수 있다. 이러한 특징은 한글을 학습할 때 발음 중심 학습만으로 한글을 학습하는 경우 어휘력의 확장에 도움이 되지 않을 수 있다는 것을 시사한다. 따라서 한글 학습은 균형적 접근으로 발음 중심을 통해 한글 해독에 유창성을 기르고, 어휘력 확장을 위하여 의미 중심 지도를 해야 효과적이다.

4 한글 문해를 위한 기초 어휘(목록)

한글 문해를 위한 기초 어휘는 한글 해득의 수준 및 범위를 한정하고 한글 문해의 구체적인 지도 내용이 된다. 한글 문해를 지도하거나 교재를 개발할 때 필수적인 어휘 목록으로 활용할 수 있다. 또, 한글 해득 여부를 판별하는 참고 자료로 활용할 수 있다.

한글 문해를 위한 기초 어휘로 선정한 '보통이다' 이하의 난이도에 해당하는 품사별로 정리한 어휘 목록은 〈표 4〉와 같다.

〈표 4〉 한글 문해를 위한 기초 어휘 목록

난이도	품사	어휘 목록			
보통이다	명사	가운데	갈고리	갈매기	감상
		개떡	개울	갯벌	거짓말
		걸음마	경험	계곡	계단
		고깔	고슴도치	고을	고장
		골목길	공룡	공연	공짜
		과정	귀뚜라미	그림물감	기억
		깃발	깃털	까마귀	꽃밭
		꾀꼬리	꾸중	꿀밤	꿩
		끝	나그네	나들이	나무꾼
		나뭇잎	나이테	나팔꽃	낙서
		낙하산	난리	난쟁이	날짜
		남매	낮잠	낱말	내기
		내용	냇가	냇물	노랫말
		노력	논	눈곱	눈보라
		눈썰매	느낌표	늦잠	다짐
		다홍색	단물	단짝	단풍잎
		달팽이	닭	담장	당나귀

난이도	품사	어휘 목록			
보통이다	명사	당번	대답	대표	대화
		덩치	도깨비	도서관	도움
		도화지	독감	돌멩이	동네
		동물원	동산	둥지	뒤뜰
		들꽃	등장	딱지	땅바닥
		또래	뜻	마을	말씀
		맨발	머슴	모내기	모래밭
		모래성	모퉁이	목숨	무릎
		무지개떡	문장	문화	물건
		물보라	물새	물음표	민들레
		바닷가	바람개비	박물관	박사
		반복	받아쓰기	발명	발장구
		발표	밧줄	방법	방해
		방향	백두산	버릇	베짱이
		별나라	별명	별빛	보름달
		보물섬	보호	부엌	부탁
		불편	불평	비교	빗방울
		뺨	뼘	뿌리	사막

14장. 한글 문해 교육과 기초 어휘

난이도	품사	어휘 목록			
보통이다	명사	산골	상대	새알	새우잠
		색깔	생신	생활	서당
		석유	석탄	성격	세상
		소화기	솜씨	송이	송편
		수업	순간	술래	술래잡기
		숨바꼭질	숫자	숲	습관
		시냇물	시설	시치미	식수대
		신바람	실망	심부름	안내장
		야단	언덕	여덟	연날리기
		연분홍	연습	열쇠	엽서
		옛날	오누이	오소리	오순도순
		오염	온몸	완두콩	외삼촌
		외투	왼쪽	용궁	우체국
		울타리	웃음소리	웅덩이	위치
		위험	응원	이슬	인물
		임금님	작품	잔디	잔치
		장난꾸러기	장독	장터	재료
		재수꾼	재채기	저고리	전시회

난이도	품사	어휘 목록			
보통이다	명사	전학	젓가락질	정답	정신
		제기	제목	제비	졸음
		종이접기	주둥이	주말	주인공
		주장	줄기	지게	쪽지
		찌꺼기	천둥	청개구리	체험
		초대장	추위	축하	침팬지
		코알라	코웃음	콩깍지	터널
		토끼	통나무	펭귄	표지판
		표현	피곤	피해	한가위
		한바탕	한복판	해수욕장	햇빛
		햇살	행사	헤엄	협동
		형제	화가	화면	화분
		화산	화해	환경	활
		황새	흙		
	동사	간직하다	걷다	걸리다	겁먹다
		구경하다	굴러가다	그치다	꺼내다
		꺾다	꾸미다	끄덕이다	나르다

난이도	품사	어휘 목록			
보통이다	동사	낫다	닦다	닫다	돕다
		뒤집다	따라가다	뛰어놀다	뜨다
		매달리다	묻다	바치다	변하다
		보호하다	부풀리다	뻗다	뽑히다
		뿜다	생각하다	속삭이다	숨기다
		심다	썩다	썰다	쓸다
		아끼다	앞서다	어색하다	어울리다
		엎드리다	외치다	움직이다	익히다
		잇다	전하다	준비하다	줍다
		짖다	쫓아다니다	참다	토라지다
		피하다			
	부사	기우뚱	깜박	깡충깡충	꼴깍
		꼼지락	꽥꽥	꾸준히	꿀꺽꿀꺽
		노릇노릇	데굴데굴	동글동글	두근두근
		둥실둥실	뒤뚱뒤뚱	듬뿍	딸랑딸랑
		때굴때굴	몽땅	무척	바짝
		반드시	번쩍	부랴부랴	비틀비틀

난이도	품사	어휘 목록			
보통이다	부사	빨리	뻘뻘	삐거덕	삐뚤빼뚤
		살랑살랑	새근새근	솔솔	송골송골
		쌔근쌔근	쓱쓱	알록달록	얼른
		오르락내리락	오순도순	울긋불긋	일부러
		조용히	주렁주렁	짹짹	쪼르르
		철썩철썩	첨벙첨벙	출렁출렁	콜콜
		토닥토닥	팔랑팔랑	폴짝폴짝	훨씬
		훨훨			
	형용사	가깝다	가난하다	가늘다	같다
		거칠다	고소하다	곱다	궁금하다
		귀찮다	깊다	노랗다	다양하다
		당당하다	맑다	무섭다	부끄럽다
		부럽다	비슷하다	서운하다	소중하다
		시원하다	심심하다	씩씩하다	아깝다
		아름답다	용감하다	젊다	정답다
		중요하다	지루하다	친절하다	캄캄하다
		행복하다			

난이도	품사	어휘 목록			
쉽다	명사	가방	가시	가족	가지
		간식	간호사	감기	감자
		강아지	거미	거북	거위
		고마움	고무신	고추	공놀이
		공부	공원	과자	구두
		구멍	그네	그릇	그림
		글자	급식	기분	기차
		까치	꼬리	꽃	나중
		날개	날씨	냄새	냉면
		냉장고	너구리	노래	노루
		노인	놀이터	눈물	눈썹
		다람쥐	달	달걀	달리기
		도끼	도로	도시락	도토리
		돌고래	동생	동전	두루미
		두부	딸기	떡	로봇
		마음	먹이	모양	목소리
		무지개	물고기	미끄럼틀	미역
		바가지	바구니	바위	반지

난이도	품사	어휘 목록			
쉽다	명사	발소리	밥상	버스	번개
		벌	벌레	병원	보물
		보석	보자기	복도	복숭아
		봄	부리	분홍	비행기
		빨간색	사다리	사람	사슴
		사탕	삼촌	상처	새우
		색연필	색종이	색칠	생각
		생선	선물	선생님	세수
		소개	소나무	손가락	손바닥
		숙제	숨	시	시간
		시계	시장	식구	식물
		식탁	신문지	신발	실수
		싸움	썰매	쓰레기	씨앗
		아줌마	아침	악어	앞
		약속	양말	양치질	어른
		어린이	얼굴	얼음	엉덩이
		여우	연기	연필	영화
		오빠	요리사	우주선	울음

난이도	품사	어휘 목록			
쉽다	명사	음식	의자	이름	이불
		이웃	인사	인형	자동차
		자라	자전거	잠자리	장미
		장소	재미	저금통	전기
		접시	조개	종아리	주먹
		준비물	줄넘기	지우개	지하철
		진달래	집	창문	채소
		책상	처음	초대	축구
		친구	칭찬	코끼리	콧물
		콩나물	키	타조	텔레비전
		팔다리	표정	풍선	필통
		하늘	하마	할머니	할아버지
		항아리	허리	혀	형
		호랑이	혼자	화장실	
	동사	가다	공부하다	기다리다	기어가다
		나누다	나오다	날다	남다
		내려가다	놀다	놀라다	다치다

난이도	품사	어휘 목록			
쉽다	동사	달리다	도망가다	도망치다	듣다
		뛰다	말하다	모으다	버리다
		불다	빠지다	살다	숨다
		쉬다	올라가다	웃다	이기다
		일어나다	자랑하다	접다	졸다
		지나가다	키우다		
	부사	개굴개굴	금방	깜짝	너무너무
		매우	먼저	모두	바로
		살금살금	아장아장	야옹야옹	영차
		으앙으앙	조금	처음	
	형용사	가볍다	고맙다	귀엽다	기쁘다
		길다	높다	더럽다	둥글다
		따뜻하다	뜨겁다	멋지다	무겁다
		미안하다	빠르다	사랑하다	슬프다
		신기하다	아프다	예쁘다	이상하다
		적다	조용하다	좁다	즐겁다
		튼튼하다	푸르다	화나다	

난이도	품사	어휘 목록			
매우 쉽다	명사	개구리	개미	고구마	나
		나무	나비	너	다리
		머리	모자	물	바나나
		바다	바지	배	사자
		소	소리	아기	어머니
		아버지	여우	오리	오이
		우산	우리	우유	이
		자	토끼	해	

4부

한글 문해 지도 활동

교육 내용	음운 인식	학습 요소	음절 수준 음운 인식 과제
활동명	몇 개의 소리로 된 낱말일까?		

■ 다음 낱말을 듣고 몇 개의 소리로 되어 있는지 보기 와 같이 골라 보세요.

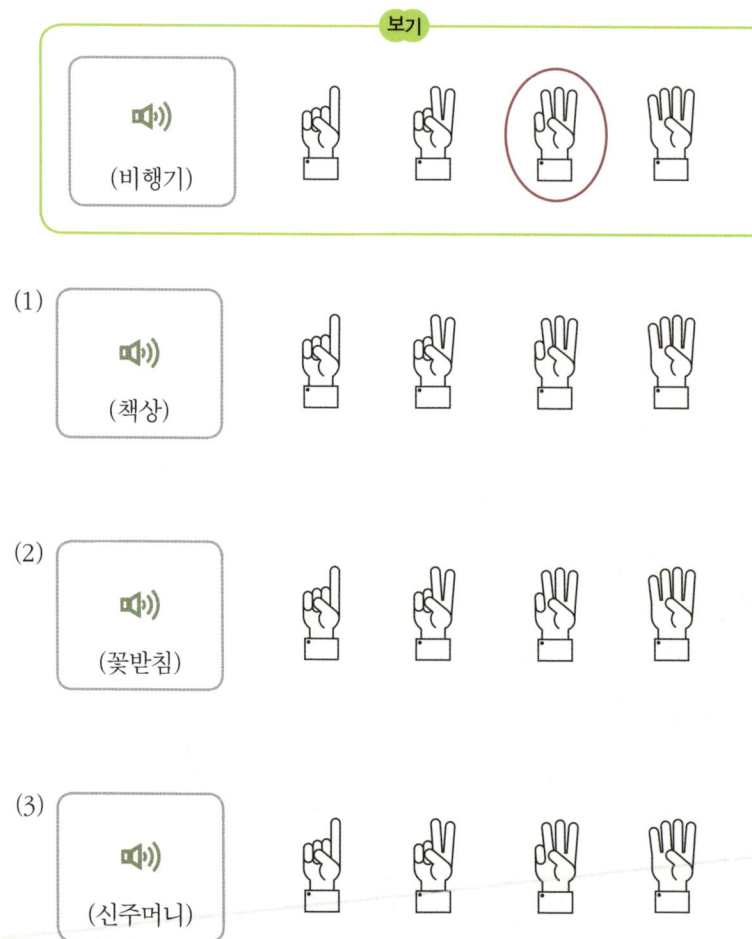

교육 내용	음운 인식	학습 요소	음소 수준 음운 인식 과제
활동명	시작하는 소리가 같은 낱말은?		

■ 다음 중 '🍎(사과)'와 시작하는 소리가 같은 낱말에 모두 ○표를 하세요.

①

②

③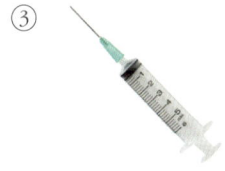

④

⑤

⑥

교육 내용	음운 기억	학습 요소	낱말 수준 음운 인식 과제
활동명	같은 낱말, 다른 낱말 찾기		

■ 들려주는 낱말을 듣고 같은 낱말이면 ○표, 다른 낱말이면 ×표를 하세요.

(1) 바다 / 바람 (×) (2) 시금치 / 백김치 ( )

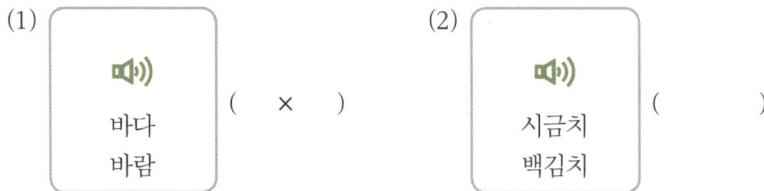

(3) 자동차 / 자동차 ( ) (4) 다리다 / 다르다 ( )

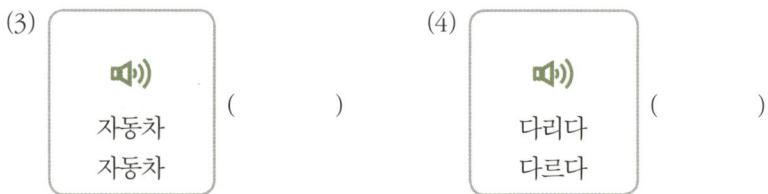

(5) 넘어지다 / 넘어지다 ( ) (6) 책꽂이 / 꽃꽂이 ( )

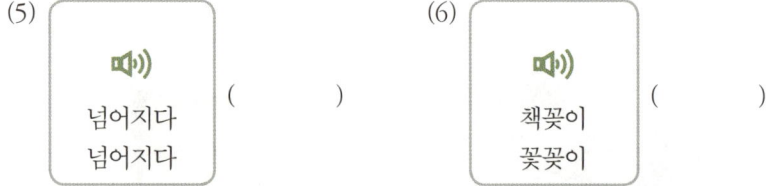

교육 내용	낱자 지식	학습 요소	자음자 모양 알기
활동명	자음자를 만들어요		

● 빈칸을 색칠하여 보기 에 있는 자음자 모양을 만들어 보세요.

보기

ㄱ, ㄴ, ㄷ, ㄹ, ㅁ, ㅂ, ㅅ

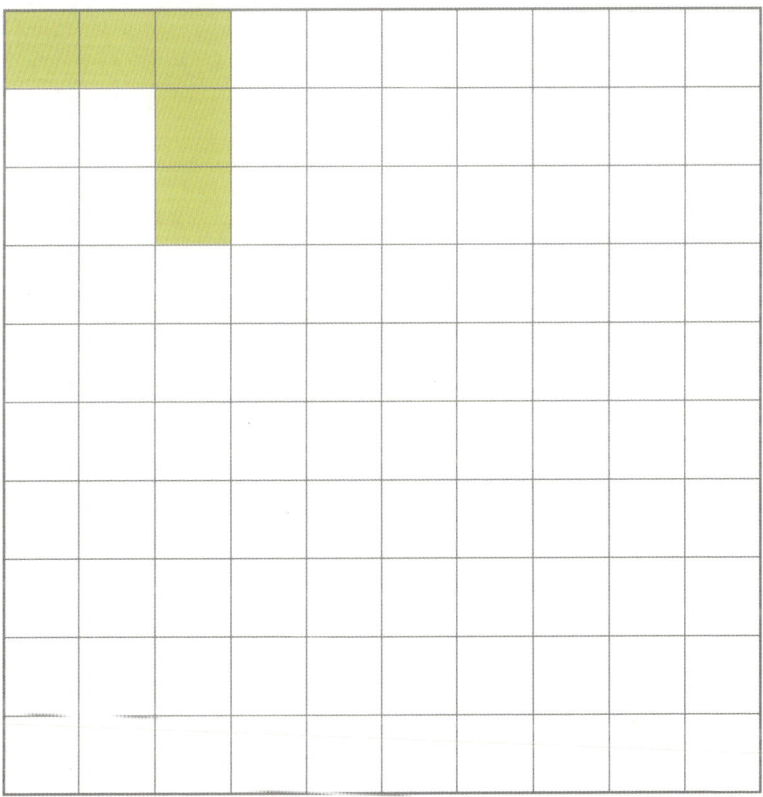

교육 내용	낱자 지식	학습 요소	자음자 이름 알기
활동명	이름 듣고 자음자 찾기		

■ 자음자의 이름을 듣고 알맞은 자음자를 찾아 ○표를 하세요.

(1) 🔊 비읍

ㄱ, ㄴ, ㄹ, ㅁ, ㅂ, ㅍ

(2) 🔊 리을

ㄷ, ㄹ, ㅁ, ㅅ, ㅇ, ㅍ

(3) 🔊 시옷

ㄴ, ㅁ, ㅂ, ㅅ, ㅇ, ㅊ

(4) 🔊 치읓

ㄱ, ㅅ, ㅈ, ㅊ, ㅌ, ㅎ

(5) 🔊 기역

ㄱ, ㄴ, ㄹ, ㅁ, ㅂ, ㅍ

(6) 🔊 디귿

ㄷ, ㄹ, ㅁ, ㅊ, ㅌ, ㅎ

교육 내용	낱자 지식	학습 요소	기본 모음자 순서 알기
활동명	빠진 모음자를 찾아라		

● 빈칸에 알맞은 모음자를 순서에 맞게 쓰세요.

교육 내용	글자·소리 대응 지식	학습 요소	자음자에 대응하는 소릿값 알기
활동명	어떤 자음자의 소리일까?		

◼ 소리를 듣고 빈칸에 알맞은 자음자를 쓰세요.

(1)  (공)

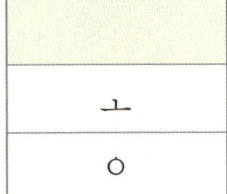

(2)  (콩)

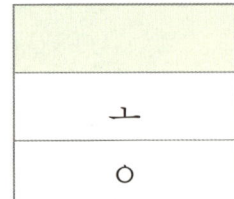

(3) 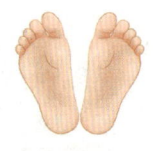 (발)

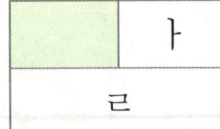

(4)  (팔)

교육 내용	글자·소리 대응 지식	학습 요소	글자의 짜임
활동명	글자와 소리 연결하기		

● 받침이 있는 글자는 ○표, 받침이 없는 글자는 △표를 하세요.

● 낱자를 차례대로 더해 만들 수 있는 글자를 써 보세요.

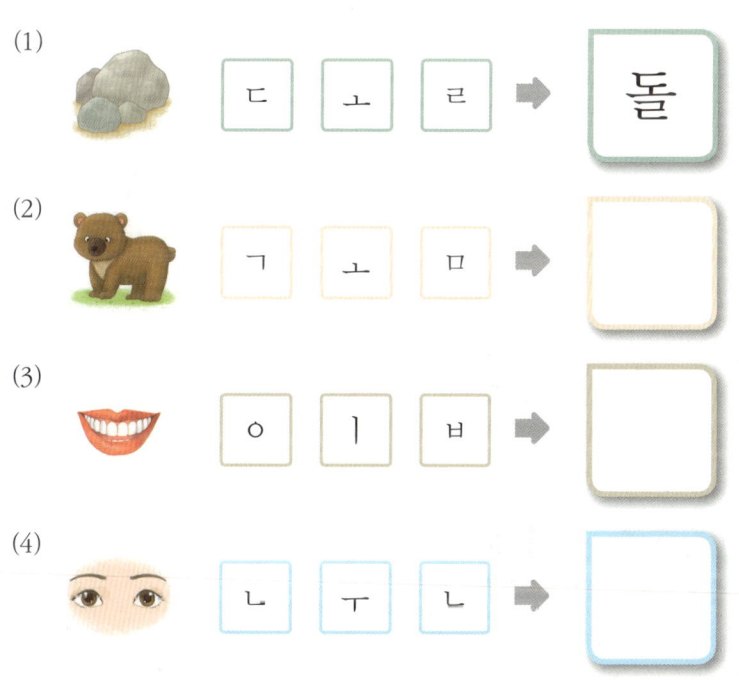

교육 내용	글자·소리 대응 지식	학습 요소	글자의 짜임
활동명	어떤 낱자로 만든 글자일까?		

■ 빈칸에 알맞은 낱자를 써 보세요.

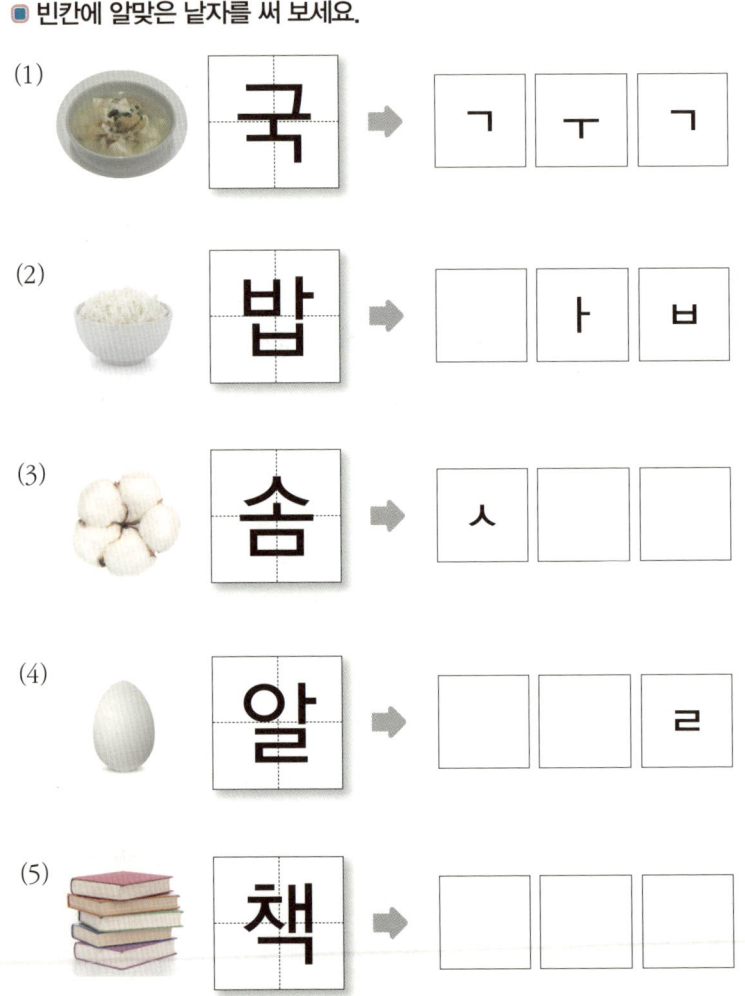

교육 내용	어휘력	학습 요소	한글 해득을 위한 기초 어휘
활동명	알맞은 낱말의 뜻을 찾아요		

■ 뜻과 낱말을 알맞게 연결하세요.

(1) 　하마　　　　　나비　　　　　악어

(2) 색연필　　　　지우개　　　　색종이

교육 내용	어휘력	학습 요소	개별 낱말의 의미
활동명	낱말을 완성해요		

■ 빈칸에 알맞은 글자를 써서 낱말을 완성하세요.

(1)   위  위

(2)  기  기

(3)   람 쥐

(4)   기

(5)  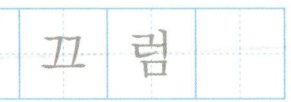 끄 럼

교육 내용	어휘력	학습 요소	낱말들 사이의 관계 (반의 관계)
활동명	뜻이 반대인 낱말 찾기		

■ 보기 와 같이 뜻이 반대인 낱말을 짝 지은 것에 ○표를 하세요.

보기

| 길다 | 짧다 |

(1)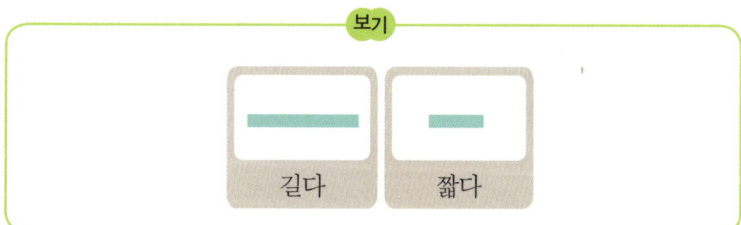
춥다   덥다
(   )

(2)
닫다   가볍다
(   )

(3)
따뜻하다   밝다
(   )

(4)
시끄럽다   조용하다
(   )

교육 내용	소리 내어 낱말 읽기	학습 요소	글자의 짜임 알기
활동명	글자의 짜임 알고 낱말 읽기		

■ 자음자와 모음자를 연결하여 글자를 만들고 읽어 보세요.

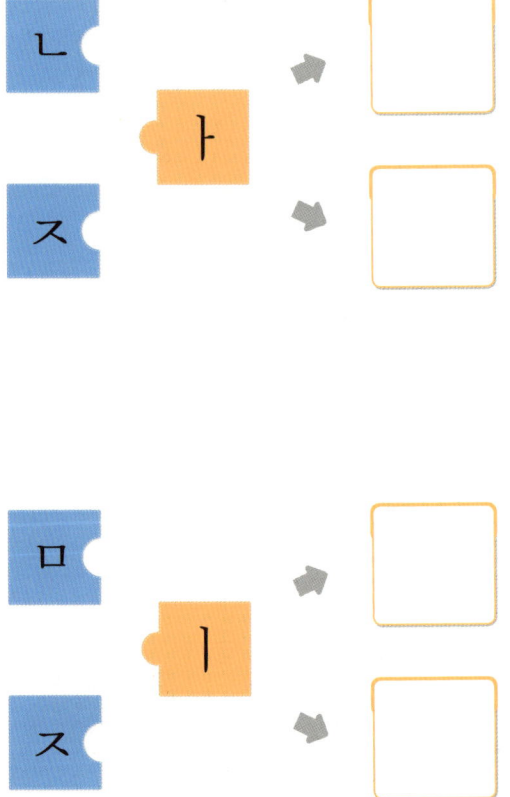

◉ 글자를 만들고 읽어 보세요.

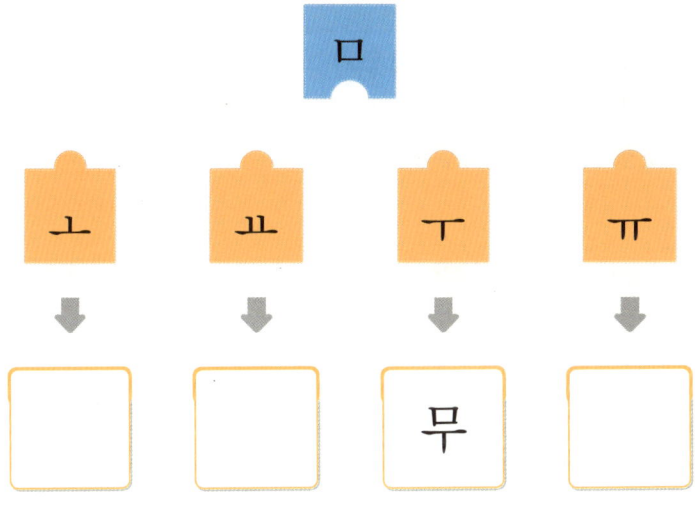

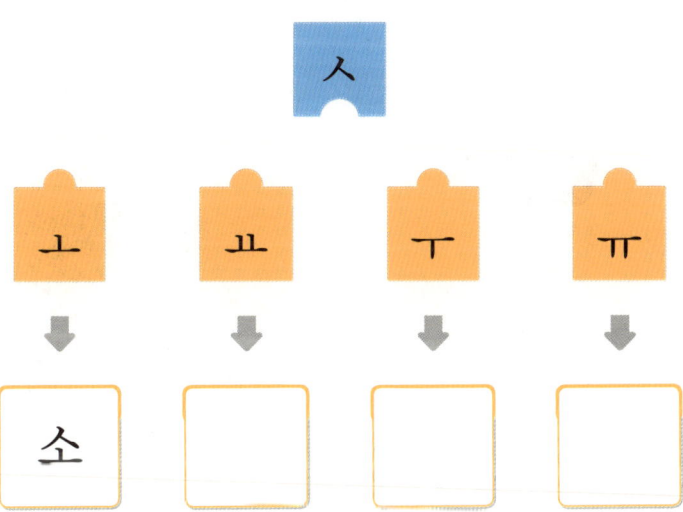

교육 내용	소리 내어 낱말 읽기	학습 요소	받침 없는 낱말 읽기
활동명	받침 없는 낱말 읽기		

◉ 그림에 알맞은 동물의 이름을 읽어 보세요.

여 우

토 끼

타 조

개 구 리

교육 내용	소리 내어 낱말 읽기	학습 요소	받침 있는 글자의 짜임 알기
활동명	받침 있는 글자의 짜임 알고 낱말 읽기		

◉ 받침 있는 낱말을 만들어 보세요.

◉ 받침 있는 낱말을 만들고 읽어 보세요.

교육 내용	소리 내어 낱말 읽기	학습 요소	받침 있는 낱말 읽기
활동명	받침 있는 낱말 읽기		

◉ 다음 낱말을 쓰고 소리 내어 읽어 보세요.

교육 내용	글자 쓰기	학습 요소	그림 보고 자음자와 모음자 쓰기
활동명	그림 보고 낱말 따라 쓰기		

◉ 자음자를 따라 써 보세요.

　자　자

　포 도　포 도

　바 나 나　바 나 나

　무 지 개　무 지 개

교육 내용	글자 쓰기	학습 요소	알맞은 받침 쓰기
활동명	알맞은 받침 쓰기		

■ 그림에 해당하는 낱말을 써 보세요.

 낮

 그 릇

 부 엌

교육 내용	글자 쓰기	학습 요소	알맞은 이중 모음 쓰기
활동명	복잡한 모음이 있는 낱말 따라 쓰기		

■ 그림에 있는 낱말을 써 보세요.

 가 위

 의 자

 참 외

 시 계   시 계

 과 자   과 자

 원 숭 이   원 숭 이

교육 내용	글자 쓰기	학습 요소	복잡한 받침 쓰기
활동명	복잡한 받침이 있는 낱말 따라 쓰기		

■ 그림에 있는 낱말을 써 보세요.

많다

앉다

교육 내용	유창하게 읽기	학습 요소	낱말 유창하게 읽기
활동명	낱말을 빠르고 정확하게 읽기		

■ 다음 낱말을 빠르고 정확하게 읽어 보세요. (시간 40초)

아이	우유	고무	바다	파도
카레	휴지	의자	과자	야구
손발	포도	보리차	차례	표시
보름	국어	웃음	깊이	살얼음
절벽	실내화	콩자반	낙지	무릎
책상	놀이터	얼굴	목요일	장미꽃
장난감	깍두기	콩국수	솥뚜껑	신발장

교육 내용	유창하게 읽기	학습 요소	문장 유창하게 읽기
활동명	문장을 빠르고 정확하게 읽기		

■ 다음 문장을 빠르고 정확하게 읽어 보세요. (시간 40초)

곰이 골짜기에서 가재를 잡고 있었습니다.

꾀 많은 여우가 슬금슬금 다가갑니다.

여우가 꾀를 냅니다.

곰이 나무 위로 올라가 벌집을 따서 아래로 던집니다.

여우가 벌집을 받아 들고는 빠르게 도망을 칩니다.

벌들이 여우를 왱왱 쫓아가며 침을 쏘아 댑니다.

따끔따끔 아픈 여우가 엉엉 소리 내어 웁니다.

참고 문헌

강동훈(2013), 「입문기 문자 지도의 변천 과정 고찰」, 『학습자 중심 교과 교육 연구』 13(6), pp. 487~505, 학습자중심교과교육학회.

_____(2018), 「웹 기반 협동 작문의 구조와 의의」, 『청람 어문 교육』 65, 청람어문교육학회.

_____(2017), 『쓰기 멈춤 현상과 쓰기 교육』, 한국초등국어교육연구소 미래엔 연구 총서 4, 미래엔.

곽재용(2012), 「한국어 교육 과정 부록에 제시된 어휘 목록 분석」, 『배달말』 51, 배달말학회.

_____(2015), 「이중 언어 강사들의 학교생활과 한국어 사용 실태」, 『동아 인문학』 30, 동아인문학회.

교육과학기술부·보건복지부(2012), 『3~5세 연령별 누리과정 해설서』.

국립특수교육원(2009), 『특수교육학 용어사전』, 서울: 도서출판 하우.

김광해(2003), 「국어 교육용 어휘와 한국어 교육용 어휘」, 『국어 교육』 111, 한국어교육학회.

김동일(2008), 『기초 학습 기능 수행 평가 체제 읽기 검사』, 학지사.

김동일·김희주·안예지·임희진·황지영·안성진(2017), 「난독증 아동 선별을 위한 RTI 적용: 읽기 유창성 프로그램을 중심으로」, 『교육 심리 연구』 31(2), 한국교육심리학회.

김동일·안예지·이미지·조영희·박소영·고혜정(2016), 「기초 학습 수행 평가 체제 어휘 검사 타당화 연구」, 『특수 아동 교육 연구』 18(3), 한국특수아동학회.

김동일 외(2016), 「교육과정 중심 어휘 검사 개발을 위한 기초 연구: 초등학교 4~6학년 교육용 어휘 선정을 중심으로」, 『학습 장애 연구』 13, 한국학습장애학회.

김동일 외(2017), 「국내 읽기 이해 관련 검사 도구 특성 분석」, 『아시아 교육 연구』 19(1), 서울대학교 교육연구소.

김동일 외(2017), 「난독증 및 읽기 부진 프로그램 운영 사례 및 효과성 분석」, 『The SNU Journal of Education Research』 26(3), 서울대학교 교육종합연구원.

김명순(2018), 「국어과 교육 내용 범주 구분 양상과 개선의 시사점」, 『학습자 중심 교과 교육 연구』 18(4), 학습자중심교과교육학회.

김명희(2010), 「한글의 창제 원리를 바탕으로 한 유아 교육용 한글 낱자 그림책 개발」, 이화여자대학교 석사 학위 논문.

김미배·배소영(2014), 「음운 해독 부진 아동의 낱말 읽기 능력과 예측 변인」, 『학습자 중심 교과 교육 연구』 14(9), 학습자중심교과교육학회.

김애화 외(2011), 「조기 문식성 검사의 개발 및 표준화 연구」, 『언어 청각 장애 연구』, 16, 한국언어청각임상학회.

김애화 외(2011), 「초등학생의 단어 인지와 읽기 유창성에 대한 예측 변인 연구」, 『초등 교육 연구』 24(1), 한국초등교육학회.

김영숙(2017), 『읽기 & 쓰기 교육』, 학지사.

김영태(2015), 『아동 언어 장애의 진단과 치료』, 학지사.

김용욱 외(2016), 「난독증 진단 도구 표준화 연구」, 『특수교육 저널』 17(3), 한국특수교육문제연구소.

김용욱·우정한·신재한(2015), 「난독증 연구에 대한 고찰」, 『특수교육 저널: 이론과 실천』 16(2), 한국특수교육문제연구소.

김용욱(2015), 「읽기 장애 학생과 일반 학생의 단어 인지와 철자법 특성 비교」, 『특수교육 저널: 이론과 실천』 16(4), 한국특수교육문제연구소.

김용욱·우정한·김영걸·김남진·김윤옥(2016), 「난독증 진단 도구 표준화 연구」, 『특수교육 저널: 이론과 실천』 17(3), 한국특수교육문제연구소.

김윤옥 외(2015), 「난독증 선별 체크리스트 표준화 및 한국 난독증 학생 통계 추정 연구」, 『학습 장애 연구』 12(1), 한국학습장애학회.

김은지(2017), 「2015 개정 초등 국어 교과서의 한글 교육 양상 연구」, 대구교육대학교 석사 학위 논문.

김지영(2014), 「어휘 능력 및 어휘 학습에 관한 초등학생의 인식 조사 연구」, 『새국어 교육』 98, 한국문법교육학회.
_____(2014), 「정서적 문식성 향상을 위한 정서 어휘 교육의 방향」, 『청람 어문 교육』 49, 청람어문교육학회.
_____(2017), 『텍스트 기반 어휘 교육』, 한국초등국어교육연구소 미래엔 연구 총서 5, 미래엔.
김창원 외(2015), 『2015 개정 국어과 교육과정 개발 보고서』, 교육부.
김창원(2012), 「고등학교 어휘 교육의 위상과 어휘 교육론의 과제」, 『국어 교육학 연구』 44, 국어교육학회.
김혜선(2011), 「초등 국어과 교육과정 쓰기 영역 내용 체계의 방향」, 『청람 어문 교육』 43, 청람어문교육학회.
김홍기(2010), 『한글에 날개를 달자』, 다사랑.
남경란(2012), 「예측 가능한 책이 초기 문식성 발달에 미치는 영향」, 부경대학교 석사 학위 논문.
노명완(2010), 「초등 저학년을 위한 문식성 교육」, 『한국 초등 국어 교육』 42, 한국초등국어교육학회.
박경숙 외(2004), 「KISE-기초 학력 검사(KISE-BAAT) 개발 연구」, 국립특수교육원.
박경숙·정동영·정인숙·송영준·김계옥(2005), 「KISE-BAAT(읽기)의 신뢰도와 타당도에 관한 연구」, 『정서·행동 장애 연구』 21(3), 한국정서·행동장애인교육학회.
박공미(1997), 「초기 독서 교재의 분석」, 이화여자대학교 석사 학위 논문.
박권생(1993), 「한글 단어 재인에 관여하는 정신 과정」, 『실험과 인지』 5, 한국심리학회.
박세근(2016), 『난독증과 학습 장애』, 아이비기획.
박순경 외(2015), 「초등학교 입학 직전 아동의 기초 학습 능력의 실태와 시사점」, 『포지션페이퍼』 7(41), 한국교육과정평가원보고서(ORM 2015-30-1), 한국교육과정평가원.
서소희·양민화(2011), 「국내 단어 인지 검사의 동향 분석」, 『교육논총』 31, 국민대학교 교육연구소.
서경란·이명란(2014), 『우리 아이 공부가 안 되는 진짜 이유 난독증』, 라온북.

서울대학교 국어교육연구소(1999), 『국어 교육학 사전』, 대교출판.
신혜정 외(2009), 「4세~6세 아동의 음절 및 음소 인식 능력 발달 연구」, 『언어 치료 연구』 18(3), 한국언어치료학회.
심영택(2010), 「초등학교 저학년 기초 문식성 교수 학습 방법: '개미[ㅐ]와 베짱이[ㅔ]' 가르치기」, 『한국 초등 국어 교육』 42, 한국초등국어교육학회.
엄훈(2015), 『학교 속의 문맹자들』, 우리교육.
염은열(2005), 「읽기 기초 학력 평가를 위한 선결 과제」, 『국어 교육학 연구』 22, 국어교육학회.
유정오(2017), 「언식성을 고려한 기초 문식성 교재 구성 연구」, 한국교원대학교 석사학위 논문.
윤준채·서혁(2010), 「표준화 독서 능력 검사 도구 개발 연구 Ⅱ」, 『독서 연구』 24, 한국독서학회.
윤준채·송영복(2010), 「다문화 가정 아동의 읽기 유창성 평가 및 지도」, 『독서 연구』 23, 한국독서학회.
이경화(2006), 「기초 문식성 지도 내용 및 지도 프로그램 개발 연구」, 『한국 초등 국어 교육』 35, 한국초등국어교육학회.
_____(2017), 「문해 능력 증진을 위한 한글 교육 운영 방안」, KEDI 국내 현안 쟁점 보고서(2017-02-09), 한국교육개발원.
_____(2018), 「한글 문해 교육 내용」, 『초등 교과 교육 연구』 28, 한국교원대학교 초등교육연구소.
이경화·전제응(2007), 「국어 교과서 개발을 위한 기초 문식성 지도 실태와 인식 조사」, 『학습자 중심 교과 교육 연구』 7(1), 학습자중심교과교육연구소.
이경화·최종윤(2016), 「한글 해득 능력이 학급 공동체 네트워크 형성에 미치는 영향」, 『청람 어문 교육』 59, 청람어문교육학회.
이경화·이경남·박혜림(2018), 「한글 해득을 위한 기초 어휘」, 『청람 어문 교육』 65, 청람어문교육학회.
이겨화 외(2012), 「초등학교 국어 학습 부진의 이해와 지도」, 박이정.
이경화 외(2018), 『반달이와 떠나는 한글 여행 1: 한글과 친해져요』, 미래엔.
_____(2018), 『반달이와 떠나는 한글 어행 2: 자신 있게 읽어요』, 미래엔.

_____(2018), 『반달이와 떠나는 한글 여행 3: 재미있는 한글 놀이』, 미래엔.
_____(2018), 『반달이와 떠나는 한글 여행 4: 재미있는 문장 놀이』, 미래엔.
_____(2018), 『반달이와 떠나는 한글 여행 5: 한글 쓰기가 좋아요』, 미래엔.
이병규(2017), 「원리 중심 학습이 소리와 표기의 관계에 대한 이해에 미치는 효과 연구」, 『한민족 문화 연구』 60, 한민족문화학회.
이수진(2010), 「작문 능력 발달 연구의 지향」, 『한국 어문 교육』 21, 한국교원대학교 한국어문교육연구소.
이수진(2014), 「초등 국어 교과서의 입문기 문자 지도관 변화 연구」, 『국어 교육 연구』 54, pp. 251~276, 국어교육학회.
_____(2015), 「학습 전략으로서 초등 읽기·쓰기 교육 연구」, 『학습자 중심 교과 교육 연구』 15(7), pp. 423~442, 학습자중심교과교육연구소.
_____(2018), 「기초적 쓰기 부진 진단과 중재 방안」, 『청람 어문 교육』 65, 청람어문교육학회.
이숙(2014), 「한국어 음운 인식 종합 진단 도구 개발」, 대구대학교 박사 학위 논문.
이지혜(2017), 「유치원·초등학교 교육과정 연계에 대한 유아 교사와 초등 교사의 인식」, 이화여자대학교 석사 학위 논문.
_____(2005), 『유아 언어 교육의 이론과 실제』, 학지사.
_____(2007), 「초기 문식성 평가 방법 탐색」, 『한국 교육학 연구』 13(1), 한국교육학회.
이창근(2010), 「초등학교 문장 쓰기 지도 내용」, 『문법 교육』 12, 한국문법교육학회.
_____(2013), 「초등학생 작문 실태 분석: 낱말 형태 오류를 중심으로」, 『디지털 융복합 연구』 11(3), 한국디지털정책학회.
인민지(2013), 「유·초 연계 강화를 위한 초등학교 1학년 국어과 주제 중심 통합 교재 개발 연구」, 한국교원대학교 석사 학위 논문.
전병운·권회연(2010), 「국내 읽기 장애아 중재 방법에 관한 연구 동향 분석」, 『아시아 교육 연구』 11(2), 서울대학교 교육연구소(아시아태평양발전연구단).
정인자(2012), 「초등학교 저학년 학생의 성별·학년·학습 유무에 따른 쓰기 오류 유형 분석 및 쓰기 발달에 관한 연구」, 전남대학교 석사 학위 논문.
정광순·박채형(2017), 「'초등학교로의 전이'를 인식하는 관점 탐색」, 『통합교육과정 연구』

11(4), 한국통합교육과정학회.
정종성(2015), 「초등학교 1학년 아동의 자모 인식, 단어 해독, 읽기 유창성 발달 양상 탐색」, 『초등 교육 연구』 28(1), 한국초등교육학회.
조성호·지성우·정해원, 남기춘(2006), 「난독증 테스트 및 분석 프로그램 구현」, 『한국산학기술학회 학술 대회 논문집』, 한국산학기술학회.
천경록(2015), 「유치원과 초등학교 국어 교재 간의 접합성 분석」, 『한국 초등 국어 교육』 57, 한국초등국어교육학회.
최규홍(2011), 「초등학생의 맞춤법 지도 방법 연구」, 『청람 어문 교육』 43, 청람어문교육학회.
_____(2015), 「초등학생의 표준 발음 지도 방법 연구」, 『학습자 중심 교과 교육 연구』 15(6), 학습자중심교과교육학회.
_____(2018), 「초등학생의 문장 성분 호응 지도 방법」, 『학습자 중심 교과 교육 연구』 18(20), 학습자중심교과교육학회.
최숙기(2017), 「청소년 읽기 부진 학생들의 읽기 특성 분석 및 읽기 부진의 유형 분류」, 『독서 연구』 44, 한국독서학회.
최종윤(2015), 「필자의 성격 특질이 쓰기 능력에 미치는 영향」, 『국어 교육학 연구』 50(4), 국어교육학회.
_____(2017), 『쓰기 전이와 글쓰기 교육』, 한국초등국어교육연구소, 미래엔 연구 총서 2, 미래엔.
_____(2018), 「한글 자모 필순 지도에 대한 고찰」, 『청람 어문 교육』 65, 청람어문교육학회.
태진이·이창환·이윤형(2015), 한국어 시각 단어 재인 과정에서 음운 정보와 표기 정보의 역할, 『인지 과학』 26(1), 한국인지과학회.
한경숙(2012), 「초기 쓰기에 대한 최근 연구 동향과 과제」, 『학습자 중심 교과 교육 연구』 12(2), 학습자중심교과교육학회.
한철우 외 13인(2006), 『독서 교육 사전』, 교학사.
한철우·이경화 최규홍(2008), 「유·초등 독서 능력 표준화 진단 도구 개발 연구」, 『독서 연구』 18, 한국독서학회.
Cecil, N. C.(2015), Striking a Balance: A Comprehensive Approach to Early

Literacy, TAYLOR & FRANCIS INC.

Collingwood, R. G.(1967), The principles of art, London: Oxford University Press.

Das, J. P.(2001), 이영재 옮김(2007), 『읽기 곤란에서 난독증까지』, 학지사.

Fox, B. J.(2012), Word Identification Strategies: Building Phonics Into a Classroom Reading Program, Prentice Hall.

Gentry, J. R.(1981), Learning to spell developmentally, Reading Teacher 45, pp. 378~381.

Gibson, E. J. & Geschwind, F.(1972), The psychology of reading, The MIT Press.

Hammond, W. D.(1999), A Balanced early literacy curriculum: an ecological perspective, Early Literacy Instruction for the New Millennium, Michigan Reading Association.

International Dyslexia Association(2007), Dyslexia Basics, http://www.ldonline.org/indepth/reading & dyslexia.

Katherine L.O.(2010), The Cornerstones to Early Literacy: Childhood Experiences That Promote Learning in Reading, Writing, and Oral LanguagemStenhouse Pub.

Marshall, A.(2004), 박형배 옮김(2008), 『난독증으로 인한 학습 부진의 이해와 치료』, GTI 코리아.

Makin, L., & Whitehead, M.(2004), 최나야 옮김(2010), 『아이들의 문해 어떻게 지도할까?』, 시그마프레스.

McLane, J. B. & McName, G. D.(1990), Early literacy, Cambridge, MA: Harvard University Press.

Meyer, M. S. & Felton, R. H.(1999), Repeated reading to enhance fluency: Old approaches and new directions, Annals of Dyslexia 49, pp. 283~306.

Moyer, S. B.(1982), Repeate reading, Journal of learning Disablitie 45, pp. 619~623.

Murray, B. A., Smith, K. A., & Murray, G. G.(2000), The Test of Phoneme Identities: Predicting alphabetic insight in prealphabetic readers, Journal of Literacy Research 32, pp. 421~447.

National Reading Panel(2000), Report of the National Reading Panel: Teaching people to read. Washington: National Institute of Child Health and Human Development.

Rasinski, T. V. & Padak, D. N.(2013), 3-Minute Reading Assessments: Grades 1-4: Word Recognition, Fluency & Comprehension, Scholastic Teaching Resources.

Rathvon, N.(2004), Early Reading Assessment: A Practitioner's Handbook, Guilford Pub.

Robbins, S. P. & Coulter, M.(2015), From Phonics to Fluency: Effective Teaching of Decoding and Reading Fluency in the Elementary School, Prentice Hall.

Sanders, M.(2001), 신민섭 옮김(2003), 『난독증의 이해』, 학지사.

Shanahan, T. & Lonigan, C. J.(2010), The National Early Literacy Panel: A summary of the process and the report. Educational Researcher 39(4), pp. 279~285.

Shaywitz, S.(2003), Overcoming Dyslexia: A new and complete science-based program for reading problems at any level, Random House.

Snowling, M. J.(2012), Early identification and interventions for dyslexia: a contemporary view, Journal of research in special educational needs, 13.

Stella, G.(2007), 김혜경 옮김(2008), 『난독증 이야기』, 시그마프레스.

Wolf, M.(2007), 이희수 옮김(2009), 『책 읽는 뇌』, 살림.

찾아보기

ㄱ

가갸식 지도법 • 118
가형, 고형, 귀형, 강형, 공형, 권형 • 109
간접 경로 • 46
건너뜀 오류 • 55
고등 문식성 • 135
고빈도 낱말 • 44
교사의 시범 보이기의 원리 • 185
교수 요목기 • 142
균형적 접근법 • 131
글 없는 그림책 읽기 • 129
글 있는 그림책 읽기 • 130
글자 쓰기 • 110
글자 표기 지식(글자 구조 지식) • 108
글자 형태 변별 • 111
글자: 소리 불일치 낱말 • 112
글자: 소리 일치 낱말 • 112
글자·소리 대응 지식 • 95
글자의 짜임 • 112
기본 어휘 • 218
기본 음절표 • 119
기억니은식 지도법 • 117
기초 문식성 • 15
기초 어휘 • 40, 213
기초 학력 검사(KISE-BATT) • 171
기초 학업 기술 평가(ABAS) • 172

ㄴ

난독증 • 195
난독증의 진단 • 202
난독증 판별 • 203
낱말 듣고 받아쓰기 • 109
낱말 수준의 읽기, 쓰기 활동 • 15
낱말 유창하게 읽기 • 111
낱말들 사이의 관계 • 112
낱말법 • 124
낱말식 • 124
낱말의 의미 • 112
낱자 지식(자모 지식) • 42, 100
낱자 획순 • 113
낱자와 말소리 연결하기(글자·소리 대응 지식) • 112
내면화의 원리 • 187
놀이 중심 학습 • 161
뇌과학 • 19
누리과정 • 79

ㄷ

단어 수준 • 112
단어 인식 • 42
단어 재인 • 40
도형의 위치 및 형태 변별 • 97
동음절 연상법 • 119
디벨스(DIBELS) • 172
떠듬거림 오류 • 57

찾아보기 277

말소리와 낱자 연결하기 • 112
모음자 • 27
모음자에 대응하는 소릿값 알기 • 112
모음자 이름 순서 알기 • 112
무반응 오류 • 55
무의미 단어 소리 내어 읽기 • 112
무의미 대치 오류 • 56
문식성 • 13
문자 언어 • 42
문장 유창하게 읽기 • 113
문장법 • 125
문장식 • 125
문해력 • 13

바둑이와 철수 • 144
반복 오류 • 57
반복 학습 • 162
반복의 원리 • 183
반복해서 글 읽기 • 193
반전 오류 • 57
발생적 문해의 관점 • 34
발음 중심 접근법 • 47, 115
보조 교과서 『국어 활동』 • 153
분권 체제 • 150
분절적인 관점 • 115
빠른 이름 대기 • 183

ㅅ

생략 오류 • 56
성숙주의 읽기 준비도 • 35
세분화의 원리 • 185
세종대왕상 • 12
소리·글자 불일치 낱말 쓰기 • 113

소리·글자 일치 낱말 쓰기 • 113
시각 어휘 • 124

안내된 독해 활동 • 137
어휘 • 224
어휘력 • 95, 220
어휘망 처리 과정 • 43
예측 가능한 책 읽기 • 127
오독(誤讀) • 54
유·초등 연계 교육 • 78
유창성(유창하게 읽기) • 96
유창성 • 42
음성 언어 • 42
음소 문자 • 22
음소 수준 • 112
음소 인식 • 46
음운 결합 지식 • 45
음운 단기 기억하기 • 112
음운 따라하기 • 112
음운 인식 과제 • 112
음운 인식(소리 듣고 구별하기) • 96
음절 문자 • 23
음절 수준 • 112
음절법 • 118
음절식 • 118
의미 단어 소리 내어 읽기 • 112
의미 대치 오류 • 56
의미 중심 접근법 • 47, 121
이중 경로 모형 • 41
인쇄물에 대한 개념 • 46
읽기 방향 인식 • 111
읽기 성취 및 읽기 인지 처리 능력 검사
(RA RCP) • 172
읽기 오류 • 54

읽기 준비도 관점 · 34
입문기 문식성 · 14

자기 수정 오류 · 56
자모 · 27
자모법 · 117
자모식 · 117
자음자, 모음자 모양 알기 · 112
자음자, 모음자 이름 알기 · 112
자음자 · 27
자음자에 대응하는 소릿값 알기 · 112
자음자 이름 순서 알기 · 112
자질 문자 · 23
전사 · 42
전사하기: 낱자 쓰기, 낱말 쓰기(덮어 쓰기, 따라 쓰기, 옮겨 쓰기) · 109
절충적 문자 지도관 · 151
정보 제공의 관점 · 54
조선어독본 · 142
조선어학회 · 143
중재 방안 · 165
직접 경로 · 41, 43
진단 교정의 관점 · 54

창안적 글자 쓰기 · 62
책 제목 및 역할 알기 · 111
책의 앞뒷면 구분하기 · 111
첨가 오류 · 55
체계적 자모 교수법 · 119
초기 독자 · 41
초기 문해 · 16
초기 문해(BASA-EL) · 182
초기 쓰기 · 15

초기 읽기 · 15
초등국어교본(상) · 143

통합적인 관점 · 121

표음주의 · 24
표의주의 · 25

학습 부진 학생 · 166
한국어 읽기 능력 검사 (KOLRA) · 172
한글 교육 시기 · 33
한글 모음자 쓰기 오류 · 74
한글 문해 · 12
한글 문해 교육 · 77
한글 문해 교육사 · 12
한글 문해 준비도 · 95
한글 미해득 학생 · 165
『한글 첫걸음』 · 144
한글 필순 오류 · 71
한글 해득 모형 · 42
한글 해득 부진의 판별 · 182
한글 해득 진단 · 165
한글 해득 진단 평가 요소 · 174
한글 해득을 위한 기초 어휘 · 112
해독(소리 내어 낱말 읽기) · 96
해독 · 42
행동주의 읽기 준비도 · 35
형태주의 표기법 · 24
혼자 읽기 · 137
확장의 원리 · 180
훈민정음의 제자 원리 · 27
『훈민정음해례본』 · 29